탑스프링 스도쿠

초급×중급

Brainy Puzzle Lab

논리와 재미를 한번에!
아이큐를 높여주는 브레인게임

탑스프링

CLASSIC

초급 × 중급

시간과공간사

스도쿠가 뭐예요?

스도쿠의 유래

스도쿠는 일본어 '스도쿠數獨'에서 유래한 말로, '겹치는 숫자가 없어야 한다' 또는 '한 자리 숫자'라는 뜻이다. 이 게임은 18세기 스위스 수학자 레온하르트 오일러Leonhard Euler가 개발한 '마술 사각형'이란 게임에서 유래한 것으로, 일본의 한 퍼즐 회사가 1984년에 '스도쿠'라는 브랜드로 개발해서 세계적으로 널리 알려졌다.

이 게임을 푸는 방법은 가로와 세로 9칸씩 총 81칸으로 이루어진 정사각형 안에 1에서 9까지의 숫자를 가로와 세로가 겹치지 않게 하나씩 채우는 방식이다. 또 큰 사각형(81칸) 안의 작은 사각형(9칸)에도 1에서 9까지의 숫자가 겹치지 않아야 한다. 스도쿠는 단순한 게임 같아도 난이도에 따라 풀기가 결코 쉽지 않은 게임이다.

스도쿠를 만든 사람은?

현대 스도쿠의 원형은 1979년 미국의 퍼즐 잡지 〈Dell Pencil Puzzles and Word Games〉에 'Number Place'라는 제목으로 처음

실렸다. 이는 인쇄 매체에 등장한 스도쿠 퍼즐의 시초로 알려져 있다. 이 퍼즐은 하워드 가른스Howard Garns가 창안한 것으로 알려져 있다. 이후 이 퍼즐은 일본에 전해져 '숫자는 겹치지 않아야 한다数字は独身に限る'라고 소개되었다. 일본의 퍼즐 회사 니코리ニコリ의 카지 마키鍜治 真起 회장은 이 긴 이름을 수독數獨으로 줄여서 세상에 내놓았고, 이후 전 세계에 스도쿠 열풍이 불었다.

스도쿠의 창안자는 하워드 가른스이지만, 이것을 상품화하여 세계적으로 유행하게 만든 데는 카지 마키의 공이 커서 그는 '스도쿠의 아버지'라는 별명으로 불린다.

스도쿠 푸는 방법

스도쿠는 가로 3개, 세로 3개의 작은 사각형 9개가 모여 하나의 큰 사각형을 이루고 있다. 스도쿠를 푸는 방법은 아주 간단하다. 숫자가 없는(빈 사각형) 자리에 숫자를 채워 넣는 것이다. 따라서 공백이 많은 스도쿠일수록 어렵다. 문제를 푸는 원칙은 다음과 같다.

❶ 작은 사각형 안에 1~9까지의 숫자를 채운다.

❷ 가로줄(㉠줄, ㉡줄, ㉢줄…)과 세로줄(㉮줄, ㉯줄, ㉰줄…)에도 1~9까지의 숫자를 채운다.

❸ 각 줄에는 숫자가 겹치지 않게 1~9까지의 숫자가 한 번씩 모두 들어가야 한다.

본 문제를 풀기 전에 쉬운 문제를 풀어보자. 힌트를 주자면, 빈칸이 가장 적은 작은 사각형부터 푸는 것이 좋다. 그래서 이 문제에서는 첫 번째 작은 사각형부터 시작하는 것이 좋다.

	㉮	㉯	㉰	㉱	㉲	㉳	㉴	㉵	㉶
㉠	4	6	1		9				8
㉡	7	B	8			2	9		4
㉢	A	5	2	4		1	3		
㉣	2	9			6		1		5
㉤				1		3			
㉥	8	1	7		2			4	
㉦			4	7		9	2	5	
㉧	1		9	5		8	7	3	
㉨	3				1				

첫 번째 작은 사각형에는 1, 2, 4, 5, 6, 7, 8이라는 숫자가 열려 있다. 따라서 A와 B에 들어갈 숫자는 3과 9가 된다. 그런데 이 작은 사각형만으로는 어디에 3을 적어야 하는지 알 수 없다. 이럴 땐 어떻게 하면 좋을까? 바로 세로줄과 가로줄을 보면 된다. 즉, A가 있는 ㉢줄을 보면 되는데, ㉢㉴자리에는 이미 3이 있어 A 자리에 3이 들어갈 수 없으니 9를 넣으면 된다.

	㉮	㉯	㉰	㉱	㉲	㉳	㉴	㉵	㉶
㉠	4	6	1		9				8
㉡	7	3	8			2	9		4
㉢	9	5	2	4		1	3		
㉣	2	9			6		1		5
㉤	C			1		3			2
㉥	8	1	7		2			4	
㉦	D		4	7		9	2	5	
㉧	1		9	5		8	7	3	
㉨	3				1				

첫 번째 작은 사각형은 완성되었다. 다음은 ㉮줄을 풀어보자. ㉮줄의 C와 D에는 5와 6이 필요한데 이미 ㉦㉵자리

에 5가 있다. 따라서 D 자리에 또 5를 넣을 수 없으니 6을 넣어야 한다는 결과가 나온다.

물론, 문제를 풀다 보면 답이 바로 생각나지 않을 때도 있을 것이다. 예를 들어, ㉢줄을 풀 때, 빈칸에 들어갈 수는 6, 7, 8이 된다. 하지만 오른쪽 첫 번째 작은 사각형 안에 이미 8이 있다. 그래서 8이 들어갈 자리는 E가 된다는 것을 알 수 있지만, 6과 7이 들어갈 자리는 쉽게 알 수 없다. 이럴 때는 다른 곳을 먼저 풀어보는 것이 좋다.

	㉮	㉯	㉰	㉱	㉲	㉳	㉴	㉵	㉶
㉠	4	6	1		9				8
㉡	7	3	8			2	9		4
㉢	9	5	2	4	E	1	3	F	G
㉣	2	9			6		1		5
㉤	5			1		3			2
㉥	8	1	7		2			4	
㉦	6		4	7		9	2	5	
㉧	1		9	5		8	7	3	
㉨	3				1				

㉧줄을 보면 빈자리에 2, 4, 6이 들어가야 한다. 그런데 ㉶줄에 4와 2가 있다. 따라서 J에는 6이 와야 한다는 것을 알 수 있다.

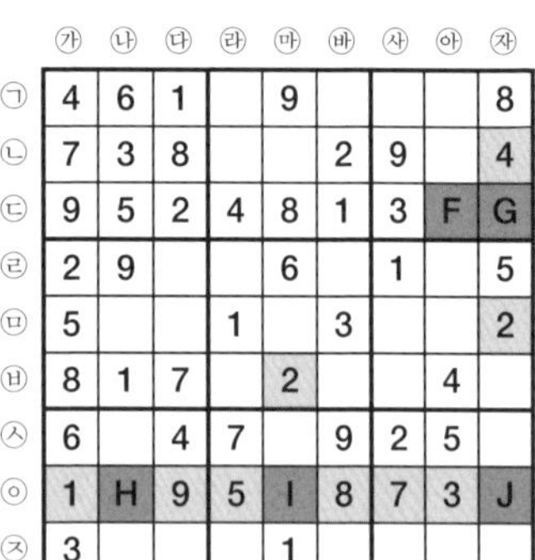

	㉮	㉯	㉰	㉱	㉲	㉳	㉴	㉵	㉶
㉠	4	6	1		9				8
㉡	7	3	8			2	9		4
㉢	9	5	2	4	8	1	3	F	G
㉣	2	9			6		1		5
㉤	5			1		3			2
㉥	8	1	7		2			4	
㉦	6		4	7		9	2	5	
㉧	1	H	9	5	I	8	7	3	J
㉨	3				1				

앞에서 풀었던 문제와 달리 다음 문제를 보면 조금 더 어렵다. 이럴 때는 가장 많이 열려 있는 숫자를 찾으면 된다. 여기에서는 숫자 7과 4가 들어갈 자리를 먼저 찾는 것이 좋다.

일단 7이 열리지 않은 작은 사각형을 선택해서 7의 자리를 생각해 보면, 네 번째 작은 사각형의 A 자리에 7이 들어가게 되는 것을 알 수 있다.

	㉮	㉯	㉰	㉱	㉲	㉳	㉴	㉵	㉶
㉠			7			9	5		
㉡		8		4			9		7
㉢			3		5			2	
㉣	A	1		3				6	
㉤	5			8	9				3
㉥		3			7			4	
㉦		7			1		4		
㉧	9		1			4		7	
㉨			4	2			6		

이번에는 4를 찾아보자.

4가 열리지 않은 작은 사각형을 선택해서 4의 자리를 생각해 보면, 네 번째 작은 사각형의 B 자리와 다섯 번째 작은 사각형의 C 자리에 4가 들어가는 것을 알 수 있다. 중요한 것은, 4와 7을 전부 찾으려고 욕심부리지 말고 문제가 잘 풀리

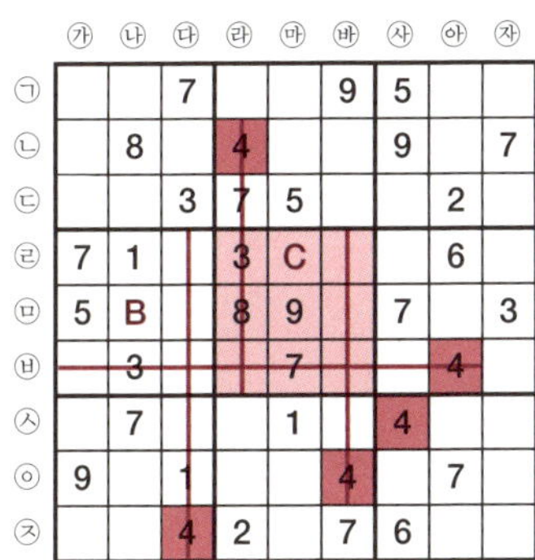

	㉮	㉯	㉰	㉱	㉲	㉳	㉴	㉵	㉶
㉠			7			9	5		
㉡		8		4			9		7
㉢			3	7	5			2	
㉣	7	1		3	C			6	
㉤	5	B		8	9		7		3
㉥		3			7			4	
㉦		7			1		4		
㉧	9		1			4		7	
㉨			4	2		7	6		

지 않으면 다른 곳을 공략해서 다른 답을 먼저 유추하는 것이 현명하다.

ⓜ줄에는 1, 2, 6이 숨어 있다. 그런데 ⓐ줄을 보면 2와 6이 열려 있다. 그러니 F에는 1이 와야 한다. 하지만 아직 D와 E에는 어떤 숫자가 들어갈지 알 수 없다. 잘 모르겠으면 일단 2와 6을 작게 적어두자. 이 숫자는 나중에 지우면 된다.

	㉮	㉯	㉰	㉱	㉲	㉳	㉴	㉵	㉶
㉠			7			9	5		
㉡		8		4			9		7
㉢			3	7	5			2	
㉣	7	1		3	4			6	
㉤	5	4	D	8	9	E	7	F	3
㉥		3			7			4	
㉦		7			1		4		
㉧	9		1			4		7	
㉨			4	2		7	6		

세 번째 작은 사각형에서 ㉡ⓐ 자리에는 3, 4, 6, 8이 들어갈 수 있는데, 이 칸이 포함된 가로세로 줄에 4, 6, 8이 있으므로 이 자리에는 3이 들어간다. 같은 방법으로 하면 ㉠ⓐ 자리에는 8이 들어간다.

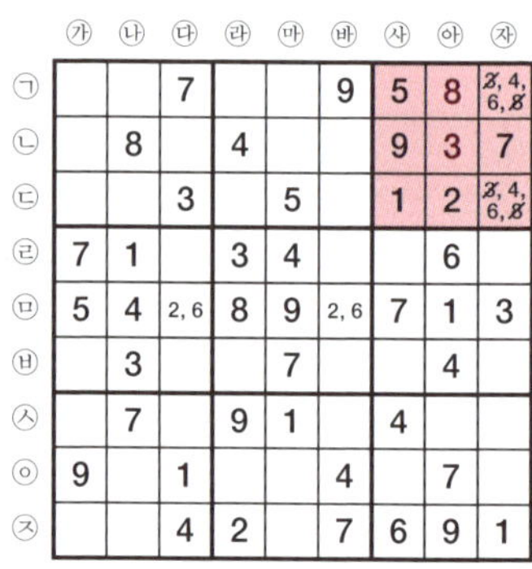

	㉮	㉯	㉰	㉱	㉲	㉳	㉴	㉵	㉶
㉠			7			9	5	8	~~3~~, 4, 6, ~~8~~
㉡		8		4			9	3	7
㉢			3		5		1	2	~~3~~, 4, 6, ~~8~~
㉣	7	1		3	4			6	
㉤	5	4	2, 6	8	9	2, 6	7	1	3
㉥		3			7			4	
㉦		7		9	1		4		
㉧	9		1			4		7	
㉨			4	2		7	6	9	1

여기는 숫자가 많이 열려 있다. 이럴 때에는 가장 많이 보이는 숫자를 공략하고, 가장 많이 채워진 가로와 세로줄을 공략하면 빈칸을 채울 수 있다.

	㉮	㉯	㉰	㉱	㉲	㉳	㉴	㉵	㉶
㉠			7		3	9	5	8	4, 6
㉡		8		4			9	3	7
㉢		9	3	7	5		1	2	4, 6
㉣	7	1		3	4			6	
㉤	5	4	2, 6	8	9	2, 6	7	1	3
㉥		3			7			4	
㉦		7		9	1		4		
㉧	9		1			4		7	
㉨			4	2		7	6	9	1

스도쿠를 풀 때는 한 가지 방법으로만 풀지 말고 여러 방법으로 시도해보는 것이 좋다. 중간에 막힌다고 포기하지 말고 비교적 쉬운 곳부터 풀면 막혔던 곳도 술술 풀리게 될 것이다.

이 책은 여러분을 위해 초급과 중급 수준의 스도쿠를 한 권의 책으로 엮은 것이다. 초급 수준의 스도쿠는 본문에서 자주색으로, 중급 수준의 스도쿠는 진한 자주색으로 표시했으니 참고하기 바란다.

4	6	1	3	9	7	5	2	8
7	3	8	6	5	2	9	1	4
9	5	2	4	8	1	3	6	7
2	9	3	8	6	4	1	7	5
5	4	6	1	7	3	8	9	2
8	1	7	9	2	5	6	4	3
6	8	4	7	3	9	2	5	1
1	2	9	5	4	8	7	3	6
3	7	5	2	1	6	4	8	9

답 1

2	6	7	1	3	9	5	8	4
1	8	5	4	2	6	9	3	7
4	9	3	7	5	8	1	2	6
7	1	2	3	4	5	8	6	9
5	4	6	8	9	2	7	1	3
8	3	9	6	7	1	2	4	5
6	7	8	9	1	3	4	5	2
9	2	1	5	6	4	3	7	8
3	5	4	2	8	7	6	9	1

답 2

SUDOKU

SUDOKU 01

DATE ....

TIME ....

	6		9	8			2	5
		2	5		7			
	5				1		8	4
	1	8			4			6
2		5		9		8		1
7			3			5	4	
6	7		4				9	
			8		9	4		
4	8			7	2		5	

SUDOKU 02

DATE .... TIME ....

	5	7		2		6	9	
6			4		9			8
8				1				3
	1		5		4		3	
9		4				7		5
	6		7		8		2	
4				5				2
5			2		6			7
	3	1		8		5	4	

SUDOKU 03

DATE .... TIME ....

4			7	8	9		6	
	8			4		3		9
			1			5	4	
8		7			2			6
5	9						2	3
3			5			8		4
	1	4			8			
6		8		2			1	
	7		4	1	3			2

SUDOKU 04

DATE .... TIME ....

	5		8		7	9		
				1		7		
			5	9		4	6	3
				6		5		8
		2				6		
9		7		8				
7	3	5		2	4			
		9		7				
		1	9		6		2	

SUDOKU 05

DATE .... TIME ....

	2	1	7			3		
4				1		5	7	
8							4	2
7			5		6			
	3						5	
			4		1			8
5	4							3
	1	7		9				4
		6			2	7	9	

SUDOKU 06

DATE .... TIME ....

7				8	1		3	5
		9			5	1		8
	1	5		6			7	
				5			2	7
9		1				3		6
5	4			3				
	6			9		7	8	
4		7	6			2		
1	9		3	2				4

SUDOKU 07

DATE .... TIME ....

8		3	4	6	5			
		1	2			7	8	
2	9						3	
3	8		5	7				9
7								3
5				9	1		7	4
	5						9	7
	6	7			4	3		
			7	8	6	5		1

SUDOKU 08

DATE .... TIME ....

		3	7	8	4	2		
		4			6		7	
1	5		9					6
6		9		5			8	2
7			4		2			3
4	1			3		7		5
3					1		6	4
	7		3			1		
		1	8	6	5	9		

SUDOKU 09

DATE .... TIME ....

		6	8	3		9	1	
1	3			5			4	
5			1					3
			3		7	6		2
4	6						3	7
9		3	6		5			
2					3			8
	4			7			6	9
	1	5		8	9	3		

SUDOKU 10

DATE .... TIME ....

8				5	3			
	9	6	4	2		8		
	5		7	8			1	
	8	4						9
2	6	5		4		1	7	3
1						5	4	
	7			1	4		9	
		8		7	6	4	3	
			3	9				5

SUDOKU 11

DATE .... TIME ....

					5			7
	3	2	9	4		6		
6							9	
2			3		6	5	7	4
	5			1			2	
7	9	6	2		4			3
	2							8
		7		8	2	3	5	
3			6					

SUDOKU 12

DATE ....

TIME ....

	8			3	9			
	4	6				3	9	
	3				2	7	8	
	6		3			8		
9				2				7
		5			1		4	
	2	4	1				7	
	5	8				4	6	
			7	8			3	

SUDOKU 13

DATE .... TIME ....

		7	5	4		3	8	
8	5	6					1	
1							7	9
			9		2			4
6								1
4			3		6			
3	8							7
	4					8	9	5
	6	1		5	7	2		

SUDOKU 14

DATE .... TIME ....

	7		3					
6		5	9	8	2	1		
	8					5	2	
7	6		2				3	
	9						8	
	2				5		9	6
	3	8					1	
		6	4	7	9	3		8
					1		4	

SUDOKU 15

DATE ....

TIME ....

7								9
			1		9			
		3	4	6	5	8		
	5	8	9		7	6	1	
		2				3		
	4	6	5		2	9	8	
		9	7	2	6	4		
			3		4			
5								6

SUDOKU 16

DATE ....

TIME ....

			5			9		2
		1			2			
	5	9	3	7				1
7		6		8			3	
		8				1		
	4			1		2		5
3				6	4	5	1	
			9			6		
6		5			3			

SUDOKU 17

DATE .... TIME ....

	5	7	1	3			4	
8	6							7
2					7	3		
6			8			4		
5				1				3
		8			2			9
		2	3					6
4							3	8
	1			5	8	9	2	

SUDOKU 18

DATE .... TIME ....

		3				5		
4		2				6		9
	8		4		7		2	
5			3	2	4			8
				6				
3			8	7	5			4
	1		2		3		9	
9		8				2		1
		6				4		

SUDOKU 19

DATE .... TIME ....

2		4		1				
	3		7		6	8		
8				4			7	
	1				5		3	
7		9				4		6
	8		2				1	
	2			3				5
		1	6		9		8	
				5		9		7

SUDOKU 20

DATE .... TIME ....

5		1	7					
	8		9		3	5		
2				1			3	
6	7				4		8	
		2		3		6		
	5		6				4	3
	1			6				7
		9	4		7		5	
					8	9		4

SUDOKU 21

DATE ....

TIME ....

6	8		5		4		3	9
9								5
			2	9	8			
2		5				1		6
		9		6		3		
3		4				5		7
			8	5	7			
1								2
5	3		1		9		4	8

SUDOKU 22

DATE ....

TIME ....

6								1
		7	8		4	6		
8		1		3		9		5
	2		4		9		6	
		5				1		
	9		5		1		2	
7		4		2		3		6
		9	1		3	8		
5								9

SUDOKU 23

DATE .... TIME ....

				3				
5	1	2	9					
	7			4	2	9		8
	8		4		9			2
		5				6		
6			2		1		7	
4		8	3	1			6	
					7	5	9	4
				9				

SUDOKU 24

DATE ....

TIME ....

6							9	
	4		2		9			8
		9	3	5			6	
		4		8				2
3		2				7		6
1				2		5		
	6			7	2	1		
2			9		4		7	
	1							4

SUDOKU 25

DATE .... TIME ....

	8				6			1
1	3		4	8		9		
			3				2	
	2	4		9				3
	7						6	
3				2		5	8	
	4				8			
		2		3	9		7	4
5			1				3	

SUDOKU 26

DATE ....

TIME ....

		2	7				6	
9	5						8	
			9			1		4
		4	8				2	6
6	8			9			7	5
5	2				7	8		
1		9			2			
	6						1	2
	3				1	6		

SUDOKU 27

DATE ....

TIME ....

3					5		8	9
	6			8				
		9	3	1			5	
	5		1		7	9		
		4				6		
		7	2		8		3	
	7			3	6	1		
				5			4	
1	9		4					3

SUDOKU 28

DATE ....

TIME ....

		4		9		6		
5			3	2	1			9
			4		8			
	3	1				2	4	
		6				1		
	5	9				7	3	
			7		5			
4			6	3	9			7
		5		1		8		

SUDOKU 29

DATE .... TIME ....

	6			4				1
					1	4		2
4		9				3	5	
	5		9					4
		7	5		8	6		
2					6		3	
	2	4				9		5
7		1	6					
9				2			1	

SUDOKU 30

홀짝 스도쿠

색칠된 칸에는 짝수만, 나머지 칸에는 홀수만 들어갈 수 있습니다.

TIME

				8			5	1
		9		3				8
						6		
							1	
	5	3			7			
		7			3			
8	1				4			3

SUDOKU 31

DATE .... TIME ....

			5				6	
	5			6	9	7	2	
		9		7		3		
			1		2	8		6
	7			3			4	
1		4	7		6			
		7		5		9		
	4	5	8	9			3	
	1				7			

SUDOKU 32

DATE ....

TIME ....

		2			4	6		9
			7			2	3	
5	8				6			
3			5				9	
8		5				1		6
	1				8			2
			6				1	7
	7	6			5			
2		8	3			5		

SUDOKU 33

DATE .... TIME ....

7	4		2		3			1
			8				5	
8	1				7	3		
				2	1			
1			7		5			9
			6	9				
		3	1				8	6
	6				4			
5			3		6		4	7

SUDOKU 34

DATE .... TIME ....

9			2	3			7	
		2		8			1	
		8			6		3	
			8	2	5		9	
5								4
	2		4	7	1			
	6		9			8		
	1			6		9		
	9			1	2			7

SUDOKU 35

DATE .... TIME ....

	5		2			9	7	
				1				
9				7	6	3	4	
		9				4	1	
1		6				5		3
	7	3				6		
	8	7	9	4				6
				3				
	6	5			1		3	

SUDOKU 36

DATE .... TIME ....

	2	3				7	8	
		5				2		
			2	3	6			
	3	6		4		9	5	
	7			9			1	
	9	1		7		8	2	
			9	5	8			
		4				5		
	5	7				3	6	

SUDOKU 37

DATE ....

TIME ....

		1		4		7		
	4	6	7		9	5	1	
			1		5			
1			4		7			8
				6				
9			2		8			3
			6		2			
	9	2	8		4	6	7	
		8		7		9		

SUDOKU 38

DATE .... TIME ....

	2		6		4		8	
	4						3	
3			1		7			6
5		6				8		3
			8	9	6			
7		8				2		4
2			4		8			5
	5						2	
	7		2		3		4	

SUDOKU 39

DATE ....

TIME ....

6				4				8
2		4	7			6	3	5
						2		
8			5			1		
		3	4		2	8		
		7			3			9
		8						
5	6	1			8	7		2
4				7				1

SUDOKU 40

DATE .... TIME ....

3			6	7	1			9
	6	7		2		3	4	
	3		5		6		8	
7				1				2
	9		2		7		5	
	1	3		8		5	7	
9			1	5	4			3

SUDOKU 41

DATE ....

TIME ....

	5		8		9		1	
	4	3				7	8	
8				2				6
		5	6		2	1		
		1	4		8	2		
1				5				8
	7	2				6	4	
	6		1		4		2	

SUDOKU 42

DATE ....

TIME ....

				5				
4	5	6				3	1	2
			2		1			
	4		8		2		3	
	2	3		9		8	6	
	7		3		5		2	
			9		3			
3	9	7				5	4	1
				1				

SUDOKU 43

DATE ....

TIME ....

4	5			1			9	3
		7				5		
	1		5	6	3		2	
	3						1	
			2	3	4			
	9						4	
	4		3	9	5		6	
		3				1		
6	8			7			3	4

SUDOKU 44

DATE .... TIME ....

		3		5	1		6	
6					9	5		
1					8		4	7
8					4	7	9	
	9	6	2					8
2	4		7					6
		8	9					4
	3		1	4		8		

SUDOKU 45

DATE ....

TIME ....

2	3		6		8		5	1
8	5						7	4
9			3		6			7
		7		5		1		
5			7		2			9
7	9						3	8
1	4		5		7		9	6

SUDOKU 46

DATE ....

TIME ....

9	4		5		2		7	
	1				9			
							6	
	3	1			4	7		
2		5	9		6	3		1
		7	1			6	8	
	5							
			6				2	
	6		4		3		5	7

SUDOKU 47

DATE ....

TIME ....

				7				
			1		9			
	9	1	4		6	3	5	
	1	2				7	8	
6			2	3	7			9
	3	9				4	6	
	8	4	3		2	6	7	
			7		1			
				5				

SUDOKU 48

DATE .... TIME ....

8			5					
		5	2	4		6	7	
						4	2	
7			4				9	
	8	3	7		6	2	1	
	9				3			7
	5	6						
	2	7		3	8	9		
					5			2

SUDOKU 49

DATE .... TIME ....

8		7			6	2		1
2	4	5	1					
	1							
7		3	8		5			
		6				5		
			6		2	7		4
							7	
					8	1	2	3
1		8	9			6		5

SUDOKU 50

DATE .... TIME ....

		5			8	2	1	
	1	2			9			8
	8			6			4	5
					2	7		
	6						8	
		7	1					
1	4			2			5	
5			9			8	3	
	2	8	3			4		

SUDOKU 51

DATE ....

TIME ....

2	3					7		
			7		9			
7	8			2				6
	2	7		4	3			
8	4						3	7
			2	7		5	4	
3				6			1	2
			9		8			
		5					9	3

SUDOKU 52

DATE .... TIME ....

	2			5		1		9
			7				3	6
	8	9	3					
	3	4	5					1
			9		3			
9					8	3	7	
					4	7	9	
4	6				7			
1		7		3			2	

SUDOKU 53

DATE .... TIME ....

		1			6	7		
2	5						1	
7				1		2	5	6
					2		9	
8	6			7			3	5
	9		5					
3	2	4		6				8
	7						4	2
		8	4			5		

SUDOKU 54

DATE .... TIME ....

5		7	1	9				4
	4			7				2
							5	7
				2			3	
4	8		9		5		7	6
	9			6				
6	7							
1				5			6	
9				8	7	5		3

SUDOKU 55

DATE .... TIME ....

9	4				2			1
7		2		8		4		6
	8				7		3	
	5	9						
4								7
						1	2	
	9		3				6	
6		3		4		5		2
8			2				1	3

SUDOKU 56

DATE ....

TIME ....

6						4		
			5	8		6	7	1
5	1	9	4					
		6		2			8	
	4			3			2	
	8			4		3		
					4	8	9	2
2	9	4		7	6			
		5						6

SUDOKU 57

DATE .... TIME ....

	1		3	5	4		7	
4	3						2	9
		8				3		
			2	9	5			
		9				8		
			8	6	1			
		1				9		
7	5						3	6
	9		7	2	3		5	

SUDOKU 58

DATE .... TIME ....

		6	1				7	9
			7			2	3	
					6	1	4	8
				4			9	
		1	8	9	2	6		
	6			1				
1	5	7	4					
	3	4			8			
8	9				1	3		

SUDOKU 59

DATE .... TIME ....

7	8			1				
4		5				1		
	6	9			7	4	5	
	4		7					
8			9		3			1
					8		2	
	3	6	4			9	8	
		8				7		2
				2			1	6

SUDOKU 60

랜덤 스도쿠

색칠된 칸에 홀수(또는 짝수)가 이미 들어가 있으면, 나머지 색칠된 칸에도 홀수(또는 짝수)가 들어가야 합니다.

TIME

3			7	6				4
8			1					2
						9	8	
	7						6	
	4	3						
5					3			1
7				2	1			9

SUDOKU 61

DATE .... TIME ....

	2						9	
			7	8	9			
6	8						5	7
	3	2		4		6	1	
8				9				3
	1	6		5		4	7	
2	6						8	4
			3	7	8			
	9						3	

SUDOKU 62

DATE .... TIME ....

1		6	4	2				
	3		6	8	9		5	
								6
			9			5		8
	1		8		4		9	
8		7			3			
3								
	7		2	9	5		3	
				3	8	6		1

SUDOKU 63

DATE .... TIME ....

				3	5			9
	5			8		4		7
6	8							
2			7	1			9	5
			9		6			
9	7			2	8			6
							1	8
1		7		9			6	
5			4	7				

SUDOKU 64

DATE .... TIME ....

2						8		
	6		4					7
			2	1			5	
	3	6			4	1	7	
		8	7	5	1	3		
	7	4	3			5	2	
	9			4	5			
8					9		4	
		7						5

SUDOKU 65

DATE .... TIME ....

	3		6		5		2	
5								9
8	1						5	6
	5			3			1	
	6		8	9	2		3	
	7			5			6	
6	8						4	5
7								2
	2		4		7		9	

SUDOKU 66

DATE .... TIME ....

5	6					7		9
7	2			8	9			5
			1			3		
				4			7	8
		4				9		
8	9			2				
		6			2			
1			8	9			3	7
2		8					9	4

SUDOKU 67

DATE .... TIME ....

	1	4	6		3	7	8	
3	5			8			2	4
4								1
		7	2	9	1	6		
5								8
6	7			1			9	3
	4	8	3		6	5	1	

SUDOKU 68

DATE ....

TIME ....

		6	5			4		
		3	7					
5					6	1		9
	3	7		4			2	5
1								3
2	9			7		6	8	
3		9	2					7
					4	3		
		2			7	5		

SUDOKU 69

DATE .... TIME ....

	5		7			1		9
7	1	2		8				
3					5			
4			3					
5	7	6				3	1	2
					1			6
			5					1
				9		6	2	3
9		8			3		5	

SUDOKU 70

DATE .... TIME ....

							3	9
		7	8					6
				5	6	4		8
	4	2					8	7
6		8		4		3		5
7	1					2	6	
3		6	4	7				
1					3	6		
2	8							

SUDOKU 71

DATE ....

TIME ....

	1	5				2	8	
6				8				7
			1		3			
	3		8	5	6		7	
	6		3		1		4	
	7		9	4	2		6	
			2		4			
1				9				8
	9	7				5	3	

SUDOKU 72

DATE .... TIME ....

	5						8	
	7		4		9		2	
9			3		8			7
1		3				9		2
4				9				8
8		7				5		1
5			6		3			4
	4		5		7		6	
	3						1	

SUDOKU 73

DATE .... TIME ....

				1			8	
		7			9	4		2
1	8				7			6
		5		7	2			
	2	6		3		1	7	
			1	5		2		
5			7				2	8
6		2	8			5		
	7			2				

SUDOKU 74

DATE .... TIME ....

								3
7	4	1	6	5				
		9				4	7	
		7	1				2	9
6	8				4	3		
	3	6				5		
				7	8	1	4	6
8								

SUDOKU 75

DATE .... TIME ....

	4				2			
6	7			4			2	
9		2					4	
5	2			3		6		8
	8						7	
4		9		8			5	1
	5					9		4
	6			5			3	7
			4				1	

SUDOKU 76

DATE .... TIME ....

	1					5		
9		2		1				
	8				7	4		6
				4		7		
	6		2		5		8	
		3		6				
5		8	4				3	
				5		1		2
		6					4	

SUDOKU 77

DATE .... TIME ....

	1	5		8		9		
8			2					
4		6	3					7
	9	7						
3								8
						6	2	
2					6	5		3
					7			9
		3		5		4	1	

SUDOKU 78

DATE .... TIME ....

6	9	2	4			8		
3			9					
7						1		5
9	1		2					
				7				
					5		2	3
5		6						8
					6			1
		3			8	9	4	6

SUDOKU 79

DATE ....

TIME ....

2				1	4			
			8			1	7	
		9	5				4	
	1	7						2
5				7				3
8						5	6	
	5				7	3		
	9	6			5			
			3	6				4

SUDOKU 80

DATE .... TIME ....

			8					
		7		6		8		
	4		5		3		7	
6		9			4	7		
	1			2			5	
		3	7			4		8
	5		2		9		1	
		2		7		9		
					1			

SUDOKU 81

DATE .... TIME ....

9					6			8
			2	7		4		
			5				3	
	6	5		2				9
	3						1	
2				3		8	7	
	2				1			
		7		6	9			
3			8					5

SUDOKU 82

DATE .... TIME ....

	8						6	
3				8		7		1
9		5	2			8		
		3			9			
	4						2	
			8			5		
		8			1	4		5
1		6		9				8
	2						9	

SUDOKU 83

DATE .... TIME ....

1			3					4
		2	6	8		5		
					7			
		9		4			5	6
	8						3	
5	1			9		8		
			9					
		8		7	6	1		
4					1			2

SUDOKU 84

DATE .... TIME ....

4		3				9		2
	6			3			1	
7			9					8
				6		5		
	9						7	
		6		9				
5					8			4
	7			4			3	
1		9				6		5

SUDOKU 85

DATE ....

TIME ....

5							3	
				8	6	9		7
			9	4			2	
		7					9	
	2	8		1		5	4	
	3					8		
	8			3	9			
4		6	8	7				
	9							5

SUDOKU 86

DATE ....

TIME ....

			4			1	9	
				2	6			5
					9	3		8
1						4	7	
	3			7			2	
	4	7						3
3		5	2					
7			1	8				
	1	6			3			

SUDOKU 87

DATE .... TIME ....

		4	9			6		
	2						3	
	9		5		7		4	
		8	2		9	7		4
6		5	8		3	1		
	3		4		5		7	
	8						2	
		2			1	3		

SUDOKU 88

DATE .... TIME ....

		3		2		9		
	8		5				4	
2			9	8				3
						7	1	
8		1				2		4
	9	6						
3				4	6			5
	1				9		2	
		9		7		6		

SUDOKU 89

DATE .... TIME ....

			2		1		7	3
					5			
4	7				3			6
	4					3		5
5		7				1		8
6		8					2	
9			7				1	4
			6					
1	2		3		9			

SUDOKU 90

스도쿠 X

큰 사각형을 가로지르는 두 대각선에도 1부터 9까지의 숫자가 각각 한 번씩 들어가야 합니다.

DATE .... TIME ....

						4		2
2					5	3	6	8
	8				3			
7		2		8				
		9						
1	6					8	7	
				1	9			6
3		1	4					5
			3	7		2		1

SUDOKU 91

DATE .... TIME ....

4			7	5	8			1
	5						3	
	8		2		4		6	
		4		1		2		
5								3
		8		2		6		
	2		3		6		5	
	3						4	
9			1	8	5			2

SUDOKU 92

DATE .... TIME ....

	1						7	
2		4	7		9	1		6
		9	5		1	3		
	4			7			1	
1								5
	8			6			3	
		8	2		3	6		
7		3	4		6	5		1
	6						2	

SUDOKU 93

DATE .... TIME ....

		4	8		1	2		
7				4		9		1
	9							
	1	5		2	8			3
			5		7			
4			9	1		5	6	
							8	
8		6		3				5
		3	1		5	4		

SUDOKU 94

DATE ....

TIME ....

4	1				8			2
	6				9	5		
8	2		4		7			
9		8						
	5		9		4		2	
						4		9
			8		3		6	5
		2	6				8	
6			2				7	4

SUDOKU 95

DATE ....

TIME ....

5				7				9
		7		8		3		
2			3		5			7
	7		8		4		5	
		4				6		
	2		9		3		1	
4			5		6			1
		5		4		2		
8				9				6

SUDOKU 96

DATE .... TIME ....

5			8	6				
		7	4	1		8		
4								
	4	6	9	3	5		7	
		8				9		
	9		2	8	6	4	5	
								3
		4		5	8	6		
				7	2			9

SUDOKU 97

DATE .... TIME ....

4				7				1
1			3	4	9			8
		9				3		
	4			1			8	
	6		8		4		5	
	9			3			6	
		4				7		
6			9	5	3			4
9				6				2

SUDOKU 98

DATE .... TIME ....

		2		8			9	
3				2	9	4		7
7								
4	1		2				3	
2		7				5		8
	3				5		2	9
								4
8		1	5	7				3
	7			6		2		

SUDOKU 99

DATE ....

TIME ....

7	2		6		4			
		3			9			
4	8	9				7		
	1	6		8	3		2	
	3						5	
	9		4	6		3	8	
		5				6	3	9
			5			1		
			3		6		7	5

SUDOKU 100

DATE .... TIME ....

		5		9		2		
	7	2				3	5	
	8		5		1		4	
			8		4			
	1		2		9		6	
			3		7			
	6		4		5		7	
	5	7				8	2	
		8		7		5		

DATE .... TIME ....

7		5	6		1	2		9
		3				4		
	2						7	
5			8		4			2
	1		9		2		6	
9			7		6			4
	5						9	
		6				7		
4		8	5		3	1		6

SUDOKU 102

DATE .... TIME ....

		8				1		
3				1				8
	9		7		8		4	
		6	2		7	5		
1			9	5	3			4
		2	4		1	8		
	1		5		4		8	
5				9				3
		9				4		

SUDOKU 103

DATE ....

TIME ....

8		1		7	5	4		
			1					
6		9	8		4	1		
1		8					6	
5								4
	3					8		9
		2	9		1	3		7
					2			
		3	4	6		2		1

SUDOKU 104

DATE ....

TIME ....

	3	4	1		5	6	8	
8			3		6			7
	6			3			4	
1		3				5		2
	8			9			3	
3			4		2			5
	7	9	6		8	4	2	

SUDOKU 105

DATE .... TIME ....

				5		2	6	9
5						1	4	
	9		6				5	
		3		4	1		9	
	5			9			2	
	8		2	3		6		
	4				3		1	
	3	6						4
8	1	9		6				

SUDOKU 106

DATE .... TIME ....

	3			2		6		4
	6	1			3	5		
	9	8			4			
8			5	7			3	
	7			4	1			2
			8			9	4	
		3	4			2	7	
6		2		1			8	

SUDOKU 107

DATE .... TIME ....

8			5		9			1
3			6	8	1			7
		5	8	6	3	9		
	8						4	
		1	4	5	7	3		
5			1	4	6			3
9			7		8			6

SUDOKU 108

DATE .... TIME ....

7		5		3		8		4
	1		4		9		2	
4								3
			2		3			
8		2	5		7	4		9
			8		6			
2								8
	3		1		2		4	
1		7		5		3		2

SUDOKU 109

DATE .... TIME ....

	2							
		3		9	1	2		
	1			3	5			8
	5			2	8		1	
9		6		5		7		2
	8		7	6			4	
2			3	8			9	
		8	9	4		6		
							2	

SUDOKU 110

DATE .... TIME ....

		2	5		1	7		
5			4		9			1
	1						5	
2				7				5
7		6		5		3		8
4				9				7
	8						9	
6			9		8			4
		5	2		6	8		

SUDOKU 111

DATE .... TIME ....

8			7	1		5	2	
4	5				9			
2		1			6			
				2			9	4
		9				6		
1	2			9				
			5			9		7
			9				4	3
	3	8		7	1			6

SUDOKU 112

DATE .... TIME ....

		1	6					
6							5	8
	7			5	8		2	
		6				9	8	
9	3	4				5	6	7
	8	7				2		
	6		1	3			9	
1	2							3
					4	8		

SUDOKU 113

DATE .... TIME ....

7								3
			4		3			
		9	7		8	4		
5	3						1	6
9		2	6		7	5		4
8	4						2	9
		3	8		2	9		
			1		5			
6								7

SUDOKU 114

DATE .... TIME ....

			1		3			
7		4				3		1
	9			7			2	
1		6		3		9		7
	3		6		5		4	
2		9		4		6		8
	7			8			1	
5		2				8		4
			2		4			

SUDOKU 115

DATE .... TIME ....

6			4				8	9
2	1				9	3		
		9			6	1		
	6			2		5	9	
	3	5		4			7	
		2	5			8		
		6	8				4	2
1	4				7			5

SUDOKU 116

DATE .... TIME ....

					1	2		9
5			6				4	
7			2			5		
		2	9				5	8
	1		4		7		6	
3	9				8	4		
		3			5			4
	7				2			5
9		8	3					

SUDOKU 117

DATE .... TIME ....

		8	2			1	4	
		3			9	5		
	5							
	3	4	1			9		2
2	1			4			8	3
5		9			6	4	1	
							6	
		1	8			2		
	9	5			2	7		

SUDOKU 118

DATE .... TIME ....

7			4		5			1
			9		1			
	1			7			4	
		1	7		3	9		
3	5						2	6
		9	2		6	8		
	6			9			8	
			3		2			
1			8		7			2

SUDOKU 119

DATE .... TIME ....

7		9				4		1
	6						2	
			4	9	3			
9		6		2		5		4
3			5		9			7
8		2		7		3		6
			6	1	5			
	4						5	
5		1				6		9

SUDOKU 120

창문 스도쿠

색칠된 4개의 사각형에도 1부터 9까지의 숫자가 각각 한 번씩 들어가야 합니다.

TIME

<table>
<tr><td></td><td></td><td></td><td></td><td>1</td><td></td><td>8</td><td>2</td><td></td></tr>
<tr><td></td><td>4</td><td>2</td><td>9</td><td></td><td></td><td>6</td><td>1</td><td></td></tr>
<tr><td>1</td><td>8</td><td></td><td>7</td><td>6</td><td></td><td></td><td></td><td></td></tr>
<tr><td></td><td>1</td><td>3</td><td></td><td></td><td>7</td><td></td><td></td><td></td></tr>
<tr><td>5</td><td></td><td></td><td></td><td>3</td><td></td><td></td><td>7</td><td></td></tr>
<tr><td>8</td><td>6</td><td></td><td></td><td></td><td>9</td><td></td><td></td><td></td></tr>
<tr><td>3</td><td></td><td></td><td></td><td>9</td><td>8</td><td>7</td><td></td><td></td></tr>
<tr><td>6</td><td></td><td></td><td></td><td></td><td>1</td><td>4</td><td></td><td>2</td></tr>
<tr><td>2</td><td>7</td><td>1</td><td>5</td><td></td><td></td><td>3</td><td></td><td></td></tr>
</table>

SUDOKU 121

DATE .... TIME ....

	8						1	
	3	5				2	6	
2			4		7			8
		4	6		5	9		
8				9				3
		9	1		8	6		
1			7		3			6
	4	8				1	3	
	6						4	

SUDOKU 122

DATE .... TIME ....

	4		2		3			
					8			
1		9	4	6				2
5	9			7		2		6
		4				8		
6		8		3			9	4
4				2	1	3		9
			9					
			3		7		4	

SUDOKU 123

DATE .... TIME ....

	2			7				
					9	6	2	
	9			6	2	5		3
5				3	1			
	7	8				9	6	
			6	8				5
7		9	1	5			3	
	5	4	8					
				9			5	

SUDOKU 124

DATE ....

TIME ....

		7	2		5	1		
	6		1		9		3	
3		9				2		8
		3		7		9		
		5		4		6		
7		1				5		6
	8		9		6		1	
		6	7		3	8		

SUDOKU 125

DATE ....

TIME ....

	3	1				7	8	
	8	9	3	4	1	5	2	
5			8	3	7			2
8			6	9	4			1
	4	2	9	6	5	8	1	
	9	8				6	4	

SUDOKU 126

DATE .... TIME ....

		3	6			8	1	
	6		2	4				
		8			1	4		
3								9
				9				
7								1
		1	7			2		
				6	4		5	
	8	7			3	9		

SUDOKU 127

DATE .... TIME ....

	3	6	2				4	
4						2		7
	8			6				9
								8
		4		2		6		
9								
2				8			7	
6		1						4
	4				7	5	3	

SUDOKU 128

DATE .... TIME ....

			9		2			
		2				9		
	6	4				7	3	
3				1				9
			8	3	4			
4				2				6
	1	6				5	7	
		9				2		
			7		5			

SUDOKU 129

DATE

TIME

	2				5	7	8	
	4			8				6
	8	9				4		5
	6			3	7			
			5	4	2			
			8	6			4	
3		6				1	5	
1				5			7	
	5	8	1				6	

SUDOKU 130

DATE .... TIME ....

	7	6		8	5			1
8			9					
	2		1				8	5
9				2				6
6	5				4		7	
					6			9
4			8	1		2	6	

SUDOKU 131

DATE ....

TIME ....

		7					3	
			2			9		
	8				1			
		5		2			8	
4			3		9			6
	2			7		3		
			8				1	
		9			5			
	7					2		

SUDOKU 132

DATE .... TIME ....

	9				4			
7						3		
			9	3		1	5	
		1						5
		3		5		4		
2						6		
	6	9		7	3			
		8						9
			8				2	

SUDOKU 133

DATE .... TIME ....

		8						
			9		5		4	
2				6		7		
	9				1		2	
		6		7		8		
	1		3				9	
		3		2				8
	2		8		4			
						3		

SUDOKU 134

DATE .... TIME ....

			2		8			
		1				4		
	6				9		5	
6		2		8				7
				5				
1				4		8		2
	3		1				9	
		4				2		
			6		3			

SUDOKU 135

DATE .... TIME ....

1				7			4	
			5					9
		7	1			8		
	5	8						
9				1				4
						3	7	
		3			4	5		
4					1			
	8			5				2

SUDOKU 136

DATE .... TIME ....

	8			3				
3					6		9	
			9	4		7		
		7					5	
6		1				2		9
	4					8		
		9		1	2			
	2		4					5
				8			3	

SUDOKU 137

DATE .... TIME ....

	5							
		2			8			6
		8	7	2		5	1	
	8					4		
		5	2	8	3	1		
		3					8	
	2	7		4	9	3		
4			1			7		
							6	

SUDOKU 138

DATE .... TIME ....

	2			4			7	
6								8
			3		5			
		3	8		7	2		
8				9				1
		9	5		4	3		
			9		2			
4								5
	9			6			1	

SUDOKU 139

DATE .... TIME ....

3			5	4	8			9
		4				1		
	5			7			3	
		7				4		
			2	1	4			
		1				2		
	4			5			2	
		6				9		
2			4	6	7			3

SUDOKU 140

DATE .... TIME ....

	3	4	7		9	8	5	
5	1						6	2
			3		8			
		1				4		
			4		2			
4	2						7	3
	8	9	6		1	2	4	

SUDOKU 141

DATE .... TIME ....

		9						3
	8	4	3	9				
2	7		1					
	2	5						
	3						5	
						4	8	
					4		2	7
				6	2	8	3	
1						9		

SUDOKU 142

DATE .... TIME ....

7						9	5	
			4	5				8
		3						1
	5				9	2		
	6						8	
		8	1				6	
3						4		
2				9	7			
	1	6						5

SUDOKU 143

DATE .... TIME ....

		2	4			8		
	9			5			3	
8					6			4
		4						7
	5						1	
1						9		
9			7					6
	2			8			5	
		5			4	3		

SUDOKU 144

DATE .... TIME ....

	7		1	3	5		4	
4								2
				8				
1								9
9		3		2		5		8
2								7
				7				
5								3
	3		9	6	2		1	

SUDOKU 145

DATE .... TIME ....

				4				
1	4						3	5
			3	2	1			
		3		1		8		
5		7				3		4
		4		8		2		
			7	9	4			
8	9						4	6
				5				

SUDOKU 146

DATE .... TIME ....

4	8			1			5	2
3			9	2	4			1
	9						2	
7	3						8	9
	4						7	
2			8	4	1			3
8	7			5			1	6

SUDOKU 147

DATE .... TIME ....

	8	2			5			
4					6	3		
					2	6	7	
						8	2	
	9						1	
	6	5						
	5	4	8					
		6	7					9
			1			7	8	

SUDOKU 148

DATE .... TIME ....

		2	4		6			
				3		4		
9						5	1	
5					8			7
	8						3	
4			1					2
	4	8						5
		3		9				
			2		3	1		

SUDOKU 149

DATE ....

TIME ....

				6			8	
		5			3			6
	7		1		5			
		6	4			9	5	
5								3
	2	9			1	4		
			9		7		4	
8			2			3		
	3			4				

SUDOKU 150

센터 스도쿠

색칠된 9개의 칸에도 1부터 9까지의 숫자가 한 번씩 들어가야 합니다.

DATE ....

TIME ....

5		8		2				6
2				5	9			8
	5	4		9				
1						2		7
	3		5		7		4	
			4		3	8		2
	6	1					9	
	2		9		8			1

SUDOKU ANSWER

01

1	6	4	9	8	3	7	2	5
8	3	2	5	4	7	1	6	9
9	5	7	6	2	1	3	8	4
3	1	8	2	5	4	9	7	6
2	4	5	7	9	6	8	3	1
7	9	6	3	1	8	5	4	2
6	7	1	4	3	5	2	9	8
5	2	3	8	6	9	4	1	7
4	8	9	1	7	2	6	5	3

02

1	5	7	8	2	3	6	9	4
6	2	3	4	7	9	1	5	8
8	4	9	6	1	5	2	7	3
7	1	2	5	6	4	8	3	9
9	8	4	1	3	2	7	6	5
3	6	5	7	9	8	4	2	1
4	7	6	3	5	1	9	8	2
5	9	8	2	4	6	3	1	7
2	3	1	9	8	7	5	4	6

03

4	5	3	7	8	9	2	6	1
1	8	6	2	4	5	3	7	9
7	2	9	1	3	6	5	4	8
8	4	7	3	9	2	1	5	6
5	9	1	8	6	4	7	2	3
3	6	2	5	7	1	8	9	4
2	1	4	6	5	8	9	3	7
6	3	8	9	2	7	4	1	5
9	7	5	4	1	3	6	8	2

04

3	5	6	8	4	7	9	1	2
2	9	4	6	1	3	7	8	5
1	7	8	5	9	2	4	6	3
4	1	3	2	6	9	5	7	8
5	8	2	7	3	1	6	4	9
9	6	7	4	8	5	2	3	1
7	3	5	1	2	4	8	9	6
6	2	9	3	7	8	1	5	4
8	4	1	9	5	6	3	2	7

05

9	2	1	7	5	4	3	8	6
4	6	3	2	1	8	5	7	9
8	7	5	9	6	3	1	4	2
7	9	8	5	3	6	4	2	1
1	3	4	8	2	9	6	5	7
6	5	2	4	7	1	9	3	8
5	4	9	6	8	7	2	1	3
2	1	7	3	9	5	8	6	4
3	8	6	1	4	2	7	9	5

06

7	2	4	9	8	1	6	3	5
6	3	9	2	7	5	1	4	8
8	1	5	4	6	3	9	7	2
3	8	6	1	5	9	4	2	7
9	7	1	8	4	2	3	5	6
5	4	2	7	3	6	8	1	9
2	6	3	5	9	4	7	8	1
4	5	7	6	1	8	2	9	3
1	9	8	3	2	7	5	6	4

07

8	7	3	4	6	5	9	1	2
6	4	1	2	3	9	7	8	5
2	9	5	8	1	7	4	3	6
3	8	4	5	7	2	1	6	9
7	1	9	6	4	8	2	5	3
5	2	6	3	9	1	8	7	4
4	5	8	1	2	3	6	9	7
1	6	7	9	5	4	3	2	8
9	3	2	7	8	6	5	4	1

08

9	6	3	7	8	4	2	5	1
8	2	4	5	1	6	3	7	9
1	5	7	9	2	3	8	4	6
6	3	9	1	5	7	4	8	2
7	8	5	4	9	2	6	1	3
4	1	2	6	3	8	7	9	5
3	9	8	2	7	1	5	6	4
5	7	6	3	4	9	1	2	8
2	4	1	8	6	5	9	3	7

09

7	2	6	8	3	4	9	1	5
1	3	9	7	5	2	8	4	6
5	8	4	1	9	6	7	2	3
8	5	1	3	4	7	6	9	2
4	6	2	9	1	8	5	3	7
9	7	3	6	2	5	4	8	1
2	9	7	4	6	3	1	5	8
3	4	8	5	7	1	2	6	9
6	1	5	2	8	9	3	7	4

10

8	1	7	6	5	3	9	2	4
3	9	6	4	2	1	8	5	7
4	5	2	7	8	9	3	1	6
7	8	4	1	3	5	2	6	9
2	6	5	9	4	8	1	7	3
1	3	9	2	6	7	5	4	8
5	7	3	8	1	4	6	9	2
9	2	8	5	7	6	4	3	1
6	4	1	3	9	2	7	8	5

11

8	4	9	1	6	5	2	3	7
5	3	2	9	4	7	6	8	1
6	7	1	8	2	3	4	9	5
2	1	8	3	9	6	5	7	4
4	5	3	7	1	8	9	2	6
7	9	6	2	5	4	8	1	3
9	2	4	5	3	1	7	6	8
1	6	7	4	8	2	3	5	9
3	8	5	6	7	9	1	4	2

12

5	8	7	6	3	9	1	2	4
2	4	6	8	1	7	3	9	5
1	3	9	5	4	2	7	8	6
4	6	2	3	7	5	8	1	9
9	1	3	4	2	8	6	5	7
8	7	5	9	6	1	2	4	3
3	2	4	1	5	6	9	7	8
7	5	8	2	9	3	4	6	1
6	9	1	7	8	4	5	3	2

13

2	9	7	5	4	1	3	8	6
8	5	6	7	3	9	4	1	2
1	3	4	6	2	8	5	7	9
5	1	8	9	7	2	6	3	4
6	7	3	4	8	5	9	2	1
4	2	9	3	1	6	7	5	8
3	8	5	2	9	4	1	6	7
7	4	2	1	6	3	8	9	5
9	6	1	8	5	7	2	4	3

14

1	7	2	3	5	4	8	6	9
6	4	5	9	8	2	1	7	3
3	8	9	6	1	7	5	2	4
7	6	1	2	9	8	4	3	5
5	9	4	7	6	3	2	8	1
8	2	3	1	4	5	7	9	6
4	3	8	5	2	6	9	1	7
2	1	6	4	7	9	3	5	8
9	5	7	8	3	1	6	4	2

15

7	6	1	2	8	3	5	4	9
4	8	5	1	7	9	2	6	3
2	9	3	4	6	5	8	7	1
3	5	8	9	4	7	6	1	2
9	7	2	6	1	8	3	5	4
1	4	6	5	3	2	9	8	7
8	1	9	7	2	6	4	3	5
6	2	7	3	5	4	1	9	8
5	3	4	8	9	1	7	2	6

16

8	3	7	5	4	1	9	6	2
4	6	1	8	9	2	3	5	7
2	5	9	3	7	6	8	4	1
7	1	6	2	8	5	4	3	9
5	2	8	4	3	9	1	7	6
9	4	3	6	1	7	2	8	5
3	9	2	7	6	4	5	1	8
1	7	4	9	5	8	6	2	3
6	8	5	1	2	3	7	9	4

17

9	5	7	1	3	6	8	4	2
8	6	3	4	2	5	1	9	7
2	4	1	9	8	7	3	6	5
6	2	9	8	7	3	4	5	1
5	7	4	6	1	9	2	8	3
1	3	8	5	4	2	6	7	9
7	8	2	3	9	4	5	1	6
4	9	5	2	6	1	7	3	8
3	1	6	7	5	8	9	2	4

18

1	9	3	6	8	2	5	4	7
4	7	2	5	3	1	6	8	9
6	8	5	4	9	7	1	2	3
5	6	9	3	2	4	7	1	8
8	4	7	1	6	9	3	5	2
3	2	1	8	7	5	9	6	4
7	1	4	2	5	3	8	9	6
9	5	8	7	4	6	2	3	1
2	3	6	9	1	8	4	7	5

19

2	7	4	9	1	8	6	5	3
1	3	5	7	2	6	8	9	4
8	9	6	5	4	3	2	7	1
6	1	2	4	9	5	7	3	8
7	5	9	3	8	1	4	2	6
4	8	3	2	6	7	5	1	9
9	2	7	8	3	4	1	6	5
5	4	1	6	7	9	3	8	2
3	6	8	1	5	2	9	4	7

20

5	3	1	7	8	2	4	9	6
7	8	6	9	4	3	5	1	2
2	9	4	5	1	6	7	3	8
6	7	3	2	9	4	1	8	5
1	4	2	8	3	5	6	7	9
9	5	8	6	7	1	2	4	3
4	1	5	3	6	9	8	2	7
8	6	9	4	2	7	3	5	1
3	2	7	1	5	8	9	6	4

21

6	8	1	5	7	4	2	3	9
9	4	2	6	3	1	8	7	5
7	5	3	2	9	8	4	6	1
2	7	5	4	8	3	1	9	6
8	1	9	7	6	5	3	2	4
3	6	4	9	1	2	5	8	7
4	2	6	8	5	7	9	1	3
1	9	8	3	4	6	7	5	2
5	3	7	1	2	9	6	4	8

22

6	3	2	7	9	5	4	8	1
9	5	7	8	1	4	6	3	2
8	4	1	2	3	6	9	7	5
1	2	8	4	7	9	5	6	3
4	7	5	3	6	2	1	9	8
3	9	6	5	8	1	7	2	4
7	1	4	9	2	8	3	5	6
2	6	9	1	5	3	8	4	7
5	8	3	6	4	7	2	1	9

23

8	4	9	1	3	6	7	2	5
5	1	2	9	7	8	4	3	6
3	7	6	5	4	2	9	1	8
7	8	1	4	6	9	3	5	2
9	2	5	7	8	3	6	4	1
6	3	4	2	5	1	8	7	9
4	9	8	3	1	5	2	6	7
1	6	3	8	2	7	5	9	4
2	5	7	6	9	4	1	8	3

24

6	5	3	7	4	8	2	9	1
7	4	1	2	6	9	3	5	8
8	2	9	3	5	1	4	6	7
5	7	4	6	8	3	9	1	2
3	8	2	1	9	5	7	4	6
1	9	6	4	2	7	5	8	3
4	6	5	8	7	2	1	3	9
2	3	8	9	1	4	6	7	5
9	1	7	5	3	6	8	2	4

25

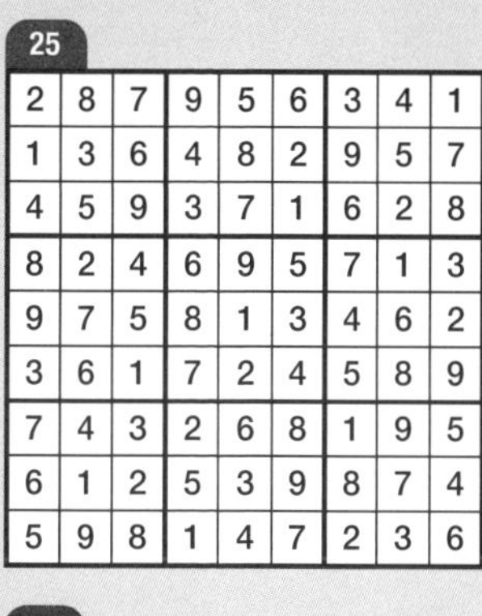

2	8	7	9	5	6	3	4	1
1	3	6	4	8	2	9	5	7
4	5	9	3	7	1	6	2	8
8	2	4	6	9	5	7	1	3
9	7	5	8	1	3	4	6	2
3	6	1	7	2	4	5	8	9
7	4	3	2	6	8	1	9	5
6	1	2	5	3	9	8	7	4
5	9	8	1	4	7	2	3	6

26

4	1	2	7	5	8	9	6	3
9	5	6	1	3	4	2	8	7
3	7	8	9	2	6	1	5	4
7	9	4	8	1	5	3	2	6
6	8	1	2	9	3	4	7	5
5	2	3	4	6	7	8	9	1
1	4	9	6	7	2	5	3	8
8	6	5	3	4	9	7	1	2
2	3	7	5	8	1	6	4	9

27

3	4	1	6	2	5	7	8	9
5	6	2	7	8	9	3	1	4
7	8	9	3	1	4	2	5	6
6	5	3	1	4	7	9	2	8
8	2	4	5	9	3	6	7	1
9	1	7	2	6	8	4	3	5
4	7	5	8	3	6	1	9	2
2	3	6	9	5	1	8	4	7
1	9	8	4	7	2	5	6	3

28

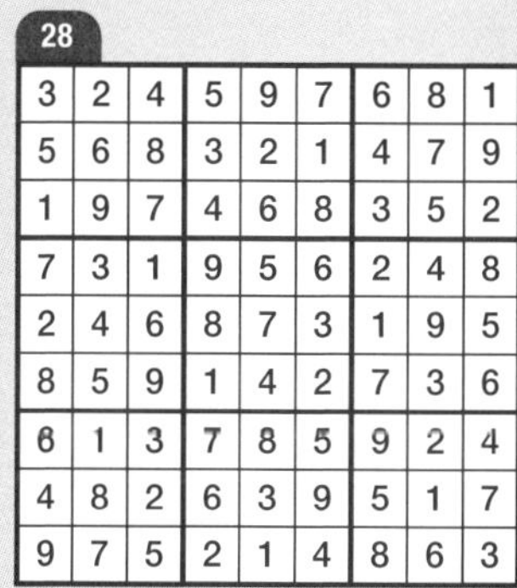

3	2	4	5	9	7	6	8	1
5	6	8	3	2	1	4	7	9
1	9	7	4	6	8	3	5	2
7	3	1	9	5	6	2	4	8
2	4	6	8	7	3	1	9	5
8	5	9	1	4	2	7	3	6
6	1	3	7	8	5	9	2	4
4	8	2	6	3	9	5	1	7
9	7	5	2	1	4	8	6	3

29

8	6	2	3	4	5	7	9	1
5	7	3	8	9	1	4	6	2
4	1	9	2	6	7	3	5	8
3	5	6	9	7	2	1	8	4
1	4	7	5	3	8	6	2	9
2	9	8	4	1	6	5	3	7
6	2	4	1	8	3	9	7	5
7	8	1	6	5	9	2	4	3
9	3	5	7	2	4	8	1	6

30 BONUS

6	2	4	7	8	9	3	5	1
1	3	8	5	4	6	7	2	9
5	7	9	2	3	1	4	6	8
3	4	5	9	1	2	6	8	7
7	9	1	4	6	8	2	3	5
2	8	6	3	7	5	9	1	4
4	5	3	1	2	7	8	9	6
9	6	7	8	5	3	1	4	2
8	1	2	6	9	4	5	7	3

31

7	8	2	5	1	3	4	6	9
3	5	1	4	6	9	7	2	8
4	6	9	2	7	8	3	1	5
5	9	3	1	4	2	8	7	6
8	7	6	9	3	5	1	4	2
1	2	4	7	8	6	5	9	3
2	3	7	6	5	4	9	8	1
6	4	5	8	9	1	2	3	7
9	1	8	3	2	7	6	5	4

32

7	3	2	1	5	4	6	8	9
6	4	1	7	8	9	2	3	5
5	8	9	2	3	6	4	7	1
3	6	4	5	2	1	7	9	8
8	2	5	9	7	3	1	4	6
9	1	7	4	6	8	3	5	2
4	5	3	6	9	2	8	1	7
1	7	6	8	4	5	9	2	3
2	9	8	3	1	7	5	6	4

33

7	4	5	2	6	3	8	9	1
6	3	2	8	1	9	7	5	4
8	1	9	5	4	7	3	6	2
9	5	7	4	2	1	6	3	8
1	8	6	7	3	5	4	2	9
3	2	4	6	9	8	1	7	5
4	7	3	1	5	2	9	8	6
2	6	8	9	7	4	5	1	3
5	9	1	3	8	6	2	4	7

34

9	5	1	2	3	4	6	7	8
6	3	2	7	8	9	4	1	5
4	7	8	1	5	6	2	3	9
1	4	6	8	2	5	7	9	3
5	8	7	6	9	3	1	2	4
3	2	9	4	7	1	5	8	6
2	6	3	9	4	7	8	5	1
7	1	5	3	6	8	9	4	2
8	9	4	5	1	2	3	6	7

35

6	5	4	2	8	3	9	7	1
7	3	8	4	1	9	2	6	5
9	1	2	5	7	6	3	4	8
5	2	9	3	6	8	4	1	7
1	4	6	7	9	2	5	8	3
8	7	3	1	5	4	6	9	2
3	8	7	9	4	5	1	2	6
2	9	1	6	3	7	8	5	4
4	6	5	8	2	1	7	3	9

36

6	2	3	4	1	5	7	8	9
1	4	5	7	8	9	2	3	6
7	8	9	2	3	6	1	4	5
2	3	6	8	4	1	9	5	7
4	7	8	5	9	2	6	1	3
5	9	1	6	7	3	8	2	4
3	6	2	9	5	8	4	7	1
8	1	4	3	6	7	5	9	2
9	5	7	1	2	4	3	6	8

37

2	5	1	3	4	6	7	8	9
3	4	6	7	8	9	5	1	2
7	8	9	1	2	5	3	4	6
1	6	3	4	5	7	2	9	8
8	2	4	9	6	3	1	5	7
9	7	5	2	1	8	4	6	3
4	1	7	6	9	2	8	3	5
5	9	2	8	3	4	6	7	1
6	3	8	5	7	1	9	2	4

38

1	2	5	6	3	4	7	8	9
6	4	7	5	8	9	1	3	2
3	8	9	1	2	7	4	5	6
5	1	6	7	4	2	8	9	3
4	3	2	8	9	6	5	7	1
7	9	8	3	1	5	2	6	4
2	6	3	4	7	8	9	1	5
8	5	4	9	6	1	3	2	7
9	7	1	2	5	3	6	4	8

39

6	3	5	2	4	1	9	7	8
2	1	4	7	8	9	6	3	5
7	8	9	3	5	6	2	1	4
8	4	6	5	9	7	1	2	3
9	5	3	4	1	2	8	6	7
1	2	7	8	6	3	4	5	9
3	7	8	1	2	4	5	9	6
5	6	1	9	3	8	7	4	2
4	9	2	6	7	5	3	8	1

40

3	4	5	6	7	1	8	2	9
1	6	7	8	2	9	3	4	5
2	8	9	3	4	5	6	1	7
4	3	2	5	9	6	7	8	1
7	5	6	4	1	8	9	3	2
8	9	1	2	3	7	4	5	6
5	2	4	7	6	3	1	9	8
6	1	3	9	8	2	5	7	4
9	7	8	1	5	4	2	6	3

41

6	5	7	8	4	9	3	1	2
2	4	3	5	6	1	7	8	9
8	1	9	3	2	7	4	5	6
4	8	5	6	9	2	1	3	7
3	2	6	7	1	5	8	9	4
7	9	1	4	3	8	2	6	5
1	3	4	2	5	6	9	7	8
5	7	2	9	8	3	6	4	1
9	6	8	1	7	4	5	2	3

42

1	3	2	4	5	6	7	8	9
4	5	6	7	8	9	3	1	2
7	8	9	2	3	1	4	5	6
6	4	1	8	7	2	9	3	5
5	2	3	1	9	4	8	6	7
9	7	8	3	6	5	1	2	4
2	1	5	9	4	3	6	7	8
3	9	7	6	2	8	5	4	1
8	6	4	5	1	7	2	9	3

43

4	5	2	8	1	7	6	9	3
3	6	7	4	2	9	5	8	1
8	1	9	5	6	3	4	2	7
5	3	4	9	8	6	7	1	2
1	7	6	2	3	4	8	5	9
2	9	8	7	5	1	3	4	6
7	4	1	3	9	5	2	6	8
9	2	3	6	4	8	1	7	5
6	8	5	1	7	2	9	3	4

44

7	8	3	4	5	1	2	6	9
6	2	4	3	7	9	5	8	1
1	5	9	6	2	8	3	4	7
8	1	2	5	6	4	7	9	3
4	7	5	8	9	3	6	1	2
3	9	6	2	1	7	4	5	8
2	4	1	7	8	5	9	3	6
5	6	8	9	3	2	1	7	4
9	3	7	1	4	6	8	2	5

45

6	7	1	4	9	5	3	8	2
2	3	4	6	7	8	9	5	1
8	5	9	1	2	3	6	7	4
9	8	2	3	1	6	5	4	7
4	6	7	8	5	9	1	2	3
5	1	3	7	4	2	8	6	9
7	9	5	2	6	1	4	3	8
1	4	8	5	3	7	2	9	6
3	2	6	9	8	4	7	1	5

46

9	4	3	5	6	2	1	7	8
5	1	6	7	8	9	2	3	4
7	2	8	3	4	1	5	6	9
6	3	1	8	2	4	7	9	5
2	8	5	9	7	6	3	4	1
4	9	7	1	3	5	6	8	2
3	5	4	2	9	7	8	1	6
1	7	9	6	5	8	4	2	3
8	6	2	4	1	3	9	5	7

47

4	2	6	5	7	3	8	9	1
3	5	7	1	8	9	2	4	6
8	9	1	4	2	6	3	5	7
5	1	2	9	6	4	7	8	3
6	4	8	2	3	7	5	1	9
7	3	9	8	1	5	4	6	2
1	8	4	3	9	2	6	7	5
2	6	5	7	4	1	9	3	8
9	7	3	6	5	8	1	2	4

48

8	4	2	5	6	7	1	3	9
1	3	5	2	4	9	6	7	8
6	7	9	3	8	1	4	2	5
7	6	1	4	5	2	8	9	3
5	8	3	7	9	6	2	1	4
2	9	4	8	1	3	5	6	7
3	5	6	9	2	4	7	8	1
4	2	7	1	3	8	9	5	6
9	1	8	6	7	5	3	4	2

49

8	3	7	4	5	6	2	9	1
2	4	5	1	8	9	3	6	7
6	1	9	2	3	7	4	5	8
7	2	3	8	4	5	9	1	6
4	9	6	3	7	1	5	8	2
5	8	1	6	9	2	7	3	4
3	6	2	5	1	4	8	7	9
9	5	4	7	6	8	1	2	3
1	7	8	9	2	3	6	4	5

50

6	3	5	4	7	8	2	1	9
4	1	2	5	3	9	6	7	8
7	8	9	2	6	1	3	4	5
3	5	1	6	8	2	7	9	4
2	6	4	7	9	5	1	8	3
8	9	7	1	4	3	5	2	6
1	4	3	8	2	6	9	5	7
5	7	6	9	1	4	8	3	2
9	2	8	3	5	7	4	6	1

51

2	3	4	1	5	6	7	8	9
1	5	6	7	8	9	3	2	4
7	8	9	3	2	4	1	5	6
5	2	7	8	4	3	9	6	1
8	4	1	6	9	5	2	3	7
9	6	3	2	7	1	5	4	8
3	9	8	5	6	7	4	1	2
4	1	2	9	3	8	6	7	5
6	7	5	4	1	2	8	9	3

52

7	2	3	4	5	6	1	8	9
5	4	1	7	8	9	2	3	6
6	8	9	3	2	1	4	5	7
8	3	4	5	7	2	9	6	1
2	7	6	9	1	3	8	4	5
9	1	5	6	4	8	3	7	2
3	5	2	1	6	4	7	9	8
4	6	8	2	9	7	5	1	3
1	9	7	8	3	5	6	2	4

53

4	3	1	2	5	6	7	8	9
2	5	6	7	8	9	3	1	4
7	8	9	3	1	4	2	5	6
5	4	7	6	3	2	8	9	1
8	6	2	9	7	1	4	3	5
1	9	3	5	4	8	6	2	7
3	2	4	1	6	5	9	7	8
6	7	5	8	9	3	1	4	2
9	1	8	4	2	7	5	6	3

54

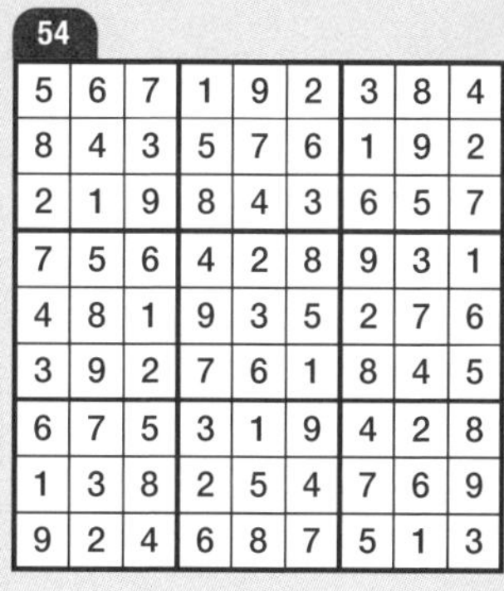

5	6	7	1	9	2	3	8	4
8	4	3	5	7	6	1	9	2
2	1	9	8	4	3	6	5	7
7	5	6	4	2	8	9	3	1
4	8	1	9	3	5	2	7	6
3	9	2	7	6	1	8	4	5
6	7	5	3	1	9	4	2	8
1	3	8	2	5	4	7	6	9
9	2	4	6	8	7	5	1	3

55

9	4	6	5	3	2	7	8	1
7	3	2	1	8	9	4	5	6
5	8	1	4	6	7	2	3	9
1	5	9	7	2	3	6	4	8
4	2	8	6	1	5	3	9	7
3	6	7	8	9	4	1	2	5
2	9	5	3	7	1	8	6	4
6	1	3	9	4	8	5	7	2
8	7	4	2	5	6	9	1	3

56

6	7	8	2	1	3	4	5	9
4	2	3	5	8	9	6	7	1
5	1	9	4	6	7	2	3	8
3	5	6	7	2	1	9	8	4
9	4	7	6	3	8	1	2	5
1	8	2	9	4	5	3	6	7
7	6	1	3	5	4	8	9	2
2	9	4	8	7	6	5	1	3
8	3	5	1	9	2	7	4	6

57

9	1	2	3	5	4	6	7	8
4	3	5	6	7	8	1	2	9
6	7	8	9	1	2	3	4	5
1	8	3	2	9	5	7	6	4
5	6	9	4	3	7	8	1	2
2	4	7	8	6	1	5	9	3
3	2	1	5	4	6	9	8	7
7	5	4	1	8	9	2	3	6
8	9	6	7	2	3	4	5	1

58

2	8	6	1	3	4	5	7	9
4	1	5	7	8	9	2	3	6
3	7	9	2	5	6	1	4	8
5	2	3	6	4	7	8	9	1
7	4	1	8	9	2	6	5	3
9	6	8	3	1	5	4	2	7
1	5	7	4	6	3	9	8	2
6	3	4	9	2	8	7	1	5
8	9	2	5	7	1	3	6	4

59

7	8	3	5	1	4	2	6	9
4	2	5	6	8	9	1	3	7
1	6	9	2	3	7	4	5	8
6	4	1	7	5	2	8	9	3
8	5	2	9	4	3	6	7	1
3	9	7	1	6	8	5	2	4
2	3	6	4	7	1	9	8	5
5	1	8	3	9	6	7	4	2
9	7	4	8	2	5	3	1	6

60

BONUS

4	9	5	2	3	8	1	7	6
3	1	2	7	6	5	8	9	4
8	6	7	1	9	4	5	3	2
1	5	6	4	7	2	9	8	3
2	7	8	3	1	9	4	6	5
9	4	3	5	8	6	2	1	7
5	8	9	6	4	3	7	2	1
7	3	4	8	2	1	6	5	9
6	2	1	9	5	7	3	4	8

61

4	2	7	5	3	6	8	9	1
3	5	1	7	8	9	2	4	6
6	8	9	1	2	4	3	5	7
5	3	2	8	4	7	6	1	9
8	7	4	6	9	1	5	2	3
9	1	6	2	5	3	4	7	8
2	6	3	9	1	5	7	8	4
1	4	5	3	7	8	9	6	2
7	9	8	4	6	2	1	3	5

62

1	5	6	4	2	7	3	8	9
2	3	4	6	8	9	1	5	7
7	8	9	3	5	1	2	4	6
4	6	3	9	7	2	5	1	8
5	1	2	8	6	4	7	9	3
8	9	7	5	1	3	4	6	2
3	2	8	1	4	6	9	7	5
6	7	1	2	9	5	8	3	4
9	4	5	7	3	8	6	2	1

63

7	4	2	1	3	5	6	8	9
3	5	1	6	8	9	4	2	7
6	8	9	2	4	7	3	5	1
2	3	6	7	1	4	8	9	5
8	1	4	9	5	6	2	7	3
9	7	5	3	2	8	1	4	6
4	9	3	5	6	2	7	1	8
1	2	7	8	9	3	5	6	4
5	6	8	4	7	1	9	3	2

64

2	4	1	5	6	7	8	9	3
3	6	5	4	9	8	2	1	7
7	8	9	2	1	3	4	5	6
5	3	6	9	2	4	1	7	8
9	2	8	7	5	1	3	6	4
1	7	4	3	8	6	5	2	9
6	9	2	8	4	5	7	3	1
8	5	3	1	7	9	6	4	2
4	1	7	6	3	2	9	8	5

65

9	3	7	6	4	5	8	2	1
5	4	6	2	1	8	3	7	9
8	1	2	3	7	9	4	5	6
2	5	8	7	3	6	9	1	4
4	6	1	8	9	2	5	3	7
3	7	9	1	5	4	2	6	8
6	8	3	9	2	1	7	4	5
7	9	4	5	6	3	1	8	2
1	2	5	4	8	7	6	9	3

66

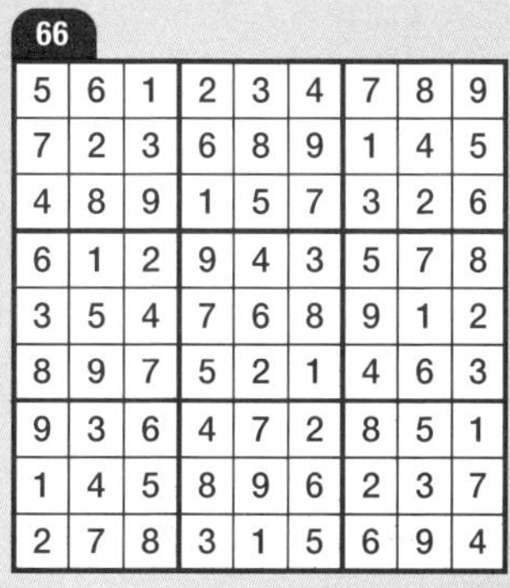

5	6	1	2	3	4	7	8	9
7	2	3	6	8	9	1	4	5
4	8	9	1	5	7	3	2	6
6	1	2	9	4	3	5	7	8
3	5	4	7	6	8	9	1	2
8	9	7	5	2	1	4	6	3
9	3	6	4	7	2	8	5	1
1	4	5	8	9	6	2	3	7
2	7	8	3	1	5	6	9	4

67

2	1	4	6	5	3	7	8	9
3	5	6	7	8	9	1	2	4
7	8	9	1	2	4	3	5	6
4	6	2	5	3	8	9	7	1
8	3	7	2	9	1	6	4	5
5	9	1	4	6	7	2	3	8
1	2	3	9	4	5	8	6	7
6	7	5	8	1	2	4	9	3
9	4	8	3	7	6	5	1	2

68

9	2	6	5	1	3	4	7	8
4	1	3	7	8	9	2	5	6
5	7	8	4	2	6	1	3	9
6	3	7	1	4	8	9	2	5
1	8	5	6	9	2	7	4	3
2	9	4	3	7	5	6	8	1
3	4	9	2	5	1	8	6	7
7	5	1	8	6	4	3	9	2
8	6	2	9	3	7	5	1	4

69

6	5	4	7	3	2	1	8	9
7	1	2	6	8	9	4	3	5
3	8	9	4	1	5	2	6	7
4	2	1	3	5	6	9	7	8
5	7	6	9	4	8	3	1	2
8	9	3	2	7	1	5	4	6
2	3	7	5	6	4	8	9	1
1	4	5	8	9	7	6	2	3
9	6	8	1	2	3	7	5	4

70

8	6	5	7	2	4	1	3	9
4	3	7	8	1	9	5	2	6
9	2	1	3	5	6	4	7	8
5	4	2	6	3	1	9	8	7
6	9	8	2	4	7	3	1	5
7	1	3	5	9	8	2	6	4
3	5	6	4	7	2	8	9	1
1	7	4	9	8	3	6	5	2
2	8	9	1	6	5	7	4	3

71

3	1	5	4	6	7	2	8	9
6	2	4	5	8	9	3	1	7
7	8	9	1	2	3	4	5	6
4	3	1	8	5	6	9	7	2
9	6	2	3	7	1	8	4	5
5	7	8	9	4	2	1	6	3
8	5	6	2	3	4	7	9	1
1	4	3	7	9	5	6	2	8
2	9	7	6	1	8	5	3	4

72

6	5	4	1	7	2	3	8	9
3	7	8	4	5	9	1	2	6
9	1	2	3	6	8	4	5	7
1	6	3	8	4	5	9	7	2
4	2	5	7	9	1	6	3	8
8	9	7	2	3	6	5	4	1
5	8	1	6	2	3	7	9	4
2	4	9	5	1	7	8	6	3
7	3	6	9	8	4	2	1	5

73

2	5	4	3	1	6	7	8	9
3	6	7	5	8	9	4	1	2
1	8	9	2	4	7	3	5	6
4	1	5	6	7	2	8	9	3
8	2	6	9	3	4	1	7	5
7	9	3	1	5	8	2	6	4
5	4	1	7	6	3	9	2	8
6	3	2	8	9	1	5	4	7
9	7	8	4	2	5	6	3	1

74

5	2	8	9	4	7	6	1	3
7	4	1	6	5	3	2	9	8
3	6	9	8	1	2	4	7	5
4	5	7	1	3	6	8	2	9
9	1	3	2	8	5	7	6	4
6	8	2	7	9	4	3	5	1
1	3	6	4	2	9	5	8	7
2	9	5	3	7	8	1	4	6
8	7	4	5	6	1	9	3	2

75

3	4	5	6	1	2	7	8	9
6	7	8	3	4	9	1	2	5
9	1	2	5	7	8	3	4	6
5	2	7	1	3	4	6	9	8
1	8	6	2	9	5	4	7	3
4	3	9	7	8	6	2	5	1
7	5	1	8	2	3	9	6	4
2	6	4	9	5	1	8	3	7
8	9	3	4	6	7	5	1	2

76

6	1	7	3	8	4	5	2	9
9	4	2	5	1	6	3	7	8
3	8	5	9	2	7	4	1	6
2	5	9	8	4	3	7	6	1
4	6	1	2	7	5	9	8	3
8	7	3	1	6	9	2	5	4
5	2	8	4	9	1	6	3	7
7	3	4	6	5	8	1	9	2
1	9	6	7	3	2	8	4	5

77

7	1	5	6	8	4	9	3	2
8	3	9	2	7	5	1	6	4
4	2	6	3	1	9	8	5	7
6	9	7	5	2	8	3	4	1
3	5	2	4	6	1	7	9	8
1	4	8	7	9	3	6	2	5
2	8	1	9	4	6	5	7	3
5	6	4	1	3	7	2	8	9
9	7	3	8	5	2	4	1	6

78

6	9	2	4	5	1	8	3	7
3	5	1	9	8	7	4	6	2
7	8	4	6	3	2	1	9	5
9	1	7	2	6	3	5	8	4
2	3	5	8	7	4	6	1	9
4	6	8	1	9	5	7	2	3
5	4	6	3	1	9	2	7	8
8	2	9	7	4	6	3	5	1
1	7	3	5	2	8	9	4	6

79

2	8	5	7	1	4	6	3	9
6	4	3	8	9	2	1	7	5
1	7	9	5	3	6	2	4	8
9	1	7	6	5	3	4	8	2
5	6	4	2	7	8	9	1	3
8	3	2	9	4	1	5	6	7
4	5	8	1	2	7	3	9	6
3	9	6	4	8	5	7	2	1
7	2	1	3	6	9	8	5	4

80

2	6	5	8	4	7	1	3	9
3	9	7	1	6	2	8	4	5
8	4	1	5	9	3	2	7	6
6	8	9	3	5	4	7	2	1
7	1	4	9	2	8	6	5	3
5	2	3	7	1	6	4	9	8
4	5	6	2	8	9	3	1	7
1	3	2	6	7	5	9	8	4
9	7	8	4	3	1	5	6	2

81

9	7	3	4	1	6	2	5	8
6	5	8	2	7	3	4	9	1
1	4	2	5	9	8	6	3	7
8	6	5	1	2	7	3	4	9
7	3	9	6	8	4	5	1	2
2	1	4	9	3	5	8	7	6
4	2	6	7	5	1	9	8	3
5	8	7	3	6	9	1	2	4
3	9	1	8	4	2	7	6	5

82

4	8	7	5	1	3	9	6	2
3	6	2	9	8	4	7	5	1
9	1	5	2	6	7	8	4	3
2	5	3	1	4	9	6	8	7
8	4	1	7	5	6	3	2	9
6	7	9	8	3	2	5	1	4
7	9	8	6	2	1	4	3	5
1	3	6	4	9	5	2	7	8
5	2	4	3	7	8	1	9	6

83

1	6	5	3	2	9	7	8	4
9	7	2	6	8	4	5	1	3
8	4	3	5	1	7	6	2	9
7	3	9	1	4	8	2	5	6
2	8	4	7	6	5	9	3	1
5	1	6	2	9	3	8	4	7
6	5	1	9	3	2	4	7	8
3	2	8	4	7	6	1	9	5
4	9	7	8	5	1	3	6	2

84

4	8	3	1	7	6	9	5	2
9	6	5	8	3	2	4	1	7
7	2	1	9	5	4	3	6	8
8	1	7	4	6	3	5	2	9
3	9	4	2	8	5	1	7	6
2	5	6	7	9	1	8	4	3
5	3	2	6	1	8	7	9	4
6	7	8	5	4	9	2	3	1
1	4	9	3	2	7	6	8	5

85

5	6	9	1	2	7	4	3	8
2	1	4	3	8	6	9	5	7
8	7	3	9	4	5	6	2	1
6	4	7	2	5	8	1	9	3
9	2	8	7	1	3	5	4	6
1	3	5	6	9	4	8	7	2
7	8	1	5	3	9	2	6	4
4	5	6	8	7	2	3	1	9
3	9	2	4	6	1	7	8	5

86

6	7	3	4	5	8	1	9	2
9	8	1	3	2	6	7	4	5
4	5	2	7	1	9	3	6	8
1	6	8	5	3	2	4	7	9
5	3	9	8	7	4	6	2	1
2	4	7	6	9	1	5	8	3
3	9	5	2	6	7	8	1	4
7	2	4	1	8	5	9	3	6
8	1	6	9	4	3	2	5	7

87

8	5	4	9	3	2	6	1	7
7	2	6	1	4	8	9	3	5
1	9	3	5	6	7	2	4	8
3	1	8	2	5	9	7	6	4
2	7	9	6	1	4	5	8	3
6	4	5	8	7	3	1	9	2
9	3	1	4	2	5	8	7	6
5	8	7	3	9	6	4	2	1
4	6	2	7	8	1	3	5	9

88

1	5	3	4	2	7	9	8	6
9	8	7	5	6	3	1	4	2
2	6	4	9	8	1	5	7	3
4	2	5	6	3	8	7	1	9
8	3	1	7	9	5	2	6	4
7	9	6	2	1	4	3	5	8
3	7	2	1	4	6	8	9	5
6	1	8	3	5	9	4	2	7
5	4	9	8	7	2	6	3	1

89

8	9	5	2	6	1	4	7	3
3	6	2	4	7	5	8	9	1
4	7	1	8	9	3	2	5	6
2	4	9	1	8	7	3	6	5
5	3	7	9	2	6	1	4	8
6	1	8	5	3	4	7	2	9
9	8	3	7	5	2	6	1	4
7	5	4	6	1	8	9	3	2
1	2	6	3	4	9	5	8	7

90 BONUS

9	1	3	8	6	7	4	5	2
2	4	7	1	9	5	3	6	8
6	8	5	2	4	3	1	9	7
7	3	2	6	8	4	5	1	9
8	5	9	7	3	1	6	2	4
1	6	4	9	5	2	8	7	3
4	2	8	5	1	9	7	3	6
3	7	1	4	2	6	9	8	5
5	9	6	3	7	8	2	4	1

91

4	6	3	7	5	8	9	2	1
2	5	7	6	9	1	4	3	8
1	8	9	2	3	4	5	6	7
6	7	4	8	1	3	2	9	5
5	1	2	4	6	9	7	8	3
3	9	8	5	2	7	6	1	4
7	2	1	3	4	6	8	5	9
8	3	5	9	7	2	1	4	6
9	4	6	1	8	5	3	7	2

92

8	1	5	6	3	4	2	7	9
2	3	4	7	8	9	1	5	6
6	7	9	5	2	1	3	4	8
3	4	6	9	7	5	8	1	2
1	9	2	3	4	8	7	6	5
5	8	7	1	6	2	9	3	4
4	5	8	2	1	3	6	9	7
7	2	3	4	9	6	5	8	1
9	6	1	8	5	7	4	2	3

93

5	6	4	8	9	1	2	3	7
7	2	8	3	4	6	9	5	1
3	9	1	7	5	2	6	4	8
6	1	5	4	2	8	7	9	3
2	3	9	5	6	7	8	1	4
4	8	7	9	1	3	5	6	2
1	5	2	6	7	4	3	8	9
8	4	6	2	3	9	1	7	5
9	7	3	1	8	5	4	2	6

94

4	1	5	3	6	8	7	9	2
3	6	7	1	2	9	5	4	8
8	2	9	4	5	7	3	1	6
9	4	8	5	1	2	6	3	7
7	5	6	9	3	4	8	2	1
2	3	1	7	8	6	4	5	9
1	9	4	8	7	3	2	6	5
5	7	2	6	4	1	9	8	3
6	8	3	2	9	5	1	7	4

95

5	3	6	4	7	2	1	8	9
1	4	7	6	8	9	3	2	5
2	8	9	3	1	5	4	6	7
3	7	1	8	6	4	9	5	2
9	5	4	7	2	1	6	3	8
6	2	8	9	5	3	7	1	4
4	9	2	5	3	6	8	7	1
7	6	5	1	4	8	2	9	3
8	1	3	2	9	7	5	4	6

96

5	1	2	8	6	7	3	9	4
3	6	7	4	1	9	8	2	5
4	8	9	5	2	3	1	6	7
1	4	6	9	3	5	2	7	8
2	5	8	7	4	1	9	3	6
7	9	3	2	8	6	4	5	1
6	2	5	1	9	4	7	8	3
9	7	4	3	5	8	6	1	2
8	3	1	6	7	2	5	4	9

97

4	3	6	5	7	8	9	2	1
1	2	5	3	4	9	6	7	8
7	8	9	6	2	1	3	4	5
5	4	3	7	1	6	2	8	9
2	6	7	8	9	4	1	5	3
8	9	1	2	3	5	4	6	7
3	5	4	1	8	2	7	9	6
6	7	2	9	5	3	8	1	4
9	1	8	4	6	7	5	3	2

98

1	4	2	3	8	7	6	9	5
3	5	6	1	2	9	4	8	7
7	8	9	4	5	6	3	1	2
4	1	5	2	9	8	7	3	6
2	9	7	6	3	1	5	4	8
6	3	8	7	4	5	1	2	9
5	6	3	9	1	2	8	7	4
8	2	1	5	7	4	9	6	3
9	7	4	8	6	3	2	5	1

99

7	2	1	6	3	4	5	9	8
6	5	3	8	7	9	2	1	4
4	8	9	1	5	2	7	6	3
5	1	6	9	8	3	4	2	7
8	3	4	7	2	1	9	5	6
2	9	7	4	6	5	3	8	1
1	7	5	2	4	8	6	3	9
3	6	8	5	9	7	1	4	2
9	4	2	3	1	6	8	7	5

100

6	4	5	7	9	3	2	8	1
1	7	2	6	4	8	3	5	9
3	8	9	5	2	1	6	4	7
5	9	6	8	1	4	7	3	2
7	1	3	2	5	9	4	6	8
8	2	4	3	6	7	1	9	5
2	6	1	4	8	5	9	7	3
9	5	7	1	3	6	8	2	4
4	3	8	9	7	2	5	1	6

101

7	4	5	6	8	1	2	3	9
6	8	3	2	7	9	4	5	1
1	2	9	3	4	5	6	7	8
5	6	7	8	3	4	9	1	2
8	1	4	9	5	2	3	6	7
9	3	2	7	1	6	5	8	4
2	5	1	4	6	7	8	9	3
3	9	6	1	2	8	7	4	5
4	7	8	5	9	3	1	2	6

102

7	2	8	3	4	5	1	6	9
3	4	5	6	1	9	2	7	8
6	9	1	7	2	8	3	4	5
4	3	6	2	8	7	5	9	1
1	8	7	9	5	3	6	2	4
9	5	2	4	6	1	8	3	7
2	1	3	5	7	4	9	8	6
5	6	4	8	9	2	7	1	3
8	7	9	1	3	6	4	5	2

103

8	2	1	6	7	5	4	9	3
3	5	4	1	2	9	6	7	8
6	7	9	8	3	4	1	2	5
1	4	8	7	9	3	5	6	2
5	9	6	2	1	8	7	3	4
2	3	7	5	4	6	8	1	9
4	6	2	9	5	1	3	8	7
7	1	5	3	8	2	9	4	6
9	8	3	4	6	7	2	5	1

104

7	3	4	1	2	5	6	8	9
6	5	2	7	8	9	3	1	4
8	9	1	3	4	6	2	5	7
9	6	5	2	3	1	7	4	8
1	4	3	8	6	7	5	9	2
2	8	7	5	9	4	1	3	6
3	1	8	4	7	2	9	6	5
4	2	6	9	5	3	8	7	1
5	7	9	6	1	8	4	2	3

105

3	7	8	1	5	4	2	6	9
5	6	2	3	7	9	1	4	8
4	9	1	6	2	8	3	5	7
6	2	3	7	4	1	8	9	5
1	5	7	8	9	6	4	2	3
9	8	4	2	3	5	6	7	1
2	4	5	9	8	3	7	1	6
7	3	6	5	1	2	9	8	4
8	1	9	4	6	7	5	3	2

106

7	3	5	1	2	8	6	9	4
4	6	1	7	9	3	5	2	8
2	9	8	6	5	4	7	1	3
8	2	4	5	7	6	1	3	9
3	1	6	2	8	9	4	5	7
5	7	9	3	4	1	8	6	2
1	5	7	8	3	2	9	4	6
9	8	3	4	6	5	2	7	1
6	4	2	9	1	7	3	8	5

107

7	1	6	2	3	4	5	8	9
8	4	2	5	7	9	6	3	1
3	5	9	6	8	1	4	2	7
4	7	5	8	6	3	9	1	2
6	8	3	9	1	2	7	4	5
2	9	1	4	5	7	3	6	8
5	2	7	1	4	6	8	9	3
9	3	4	7	2	8	1	5	6
1	6	8	3	9	5	2	7	4

108

7	2	5	6	3	1	8	9	4
6	1	3	4	8	9	7	2	5
4	8	9	7	2	5	6	1	3
9	7	1	2	4	3	5	8	6
8	6	2	5	1	7	4	3	9
3	5	4	8	9	6	2	7	1
2	9	6	3	7	4	1	5	8
5	3	8	1	6	2	9	4	7
1	4	7	9	5	8	3	6	2

109

8	2	5	6	7	4	1	3	9
4	6	3	8	9	1	2	5	7
7	1	9	2	3	5	4	6	8
3	5	7	4	2	8	9	1	6
9	4	6	1	5	3	7	8	2
1	8	2	7	6	9	3	4	5
2	7	1	3	8	6	5	9	4
5	3	8	9	4	2	6	7	1
6	9	4	5	1	7	8	2	3

110

3	4	2	5	6	1	7	8	9
5	6	7	4	8	9	2	3	1
8	1	9	3	2	7	4	5	6
2	3	1	8	7	4	9	6	5
7	9	6	1	5	2	3	4	8
4	5	8	6	9	3	1	2	7
1	8	4	7	3	5	6	9	2
6	2	3	9	1	8	5	7	4
9	7	5	2	4	6	8	1	3

111

8	6	3	7	1	4	5	2	9
4	5	7	2	8	9	3	6	1
2	9	1	3	5	6	4	7	8
3	7	6	8	2	5	1	9	4
5	8	9	1	4	7	6	3	2
1	2	4	6	9	3	7	8	5
6	4	2	5	3	8	9	1	7
7	1	5	9	6	2	8	4	3
9	3	8	4	7	1	2	5	6

112

8	5	1	6	2	3	4	7	9
6	4	2	7	1	9	3	5	8
3	7	9	4	5	8	1	2	6
2	1	6	3	7	5	9	8	4
9	3	4	2	8	1	5	6	7
5	8	7	9	4	6	2	3	1
4	6	8	1	3	2	7	9	5
1	2	5	8	9	7	6	4	3
7	9	3	5	6	4	8	1	2

113

7	8	4	5	1	6	2	9	3
2	5	1	4	9	3	6	7	8
3	6	9	7	2	8	4	5	1
5	3	7	2	4	9	8	1	6
9	1	2	6	8	7	5	3	4
8	4	6	3	5	1	7	2	9
1	7	3	8	6	2	9	4	5
4	9	8	1	7	5	3	6	2
6	2	5	9	3	4	1	8	7

114

6	8	5	1	2	3	4	7	9
7	2	4	5	6	9	3	8	1
3	9	1	4	7	8	5	2	6
1	4	6	8	3	2	9	5	7
8	3	7	6	9	5	1	4	2
2	5	9	7	4	1	6	3	8
4	7	3	9	8	6	2	1	5
5	6	2	3	1	7	8	9	4
9	1	8	2	5	4	7	6	3

115

6	5	3	4	1	2	7	8	9
2	1	4	7	8	9	3	5	6
7	8	9	3	5	6	1	2	4
4	6	7	1	2	3	5	9	8
8	2	1	9	7	5	4	6	3
9	3	5	6	4	8	2	7	1
3	9	2	5	6	4	8	1	7
5	7	6	8	3	1	9	4	2
1	4	8	2	9	7	6	3	5

116

4	3	6	7	5	1	2	8	9
5	2	1	6	8	9	3	4	7
7	8	9	2	3	4	5	1	6
6	4	2	9	1	3	7	5	8
8	1	5	4	2	7	9	6	3
3	9	7	5	6	8	4	2	1
2	6	3	1	7	5	8	9	4
1	7	4	8	9	2	6	3	5
9	5	8	3	4	6	1	7	2

117

9	7	8	2	5	3	1	4	6
1	2	3	4	6	9	5	7	8
4	5	6	7	8	1	3	2	9
6	3	4	1	7	8	9	5	2
2	1	7	9	4	5	6	8	3
5	8	9	3	2	6	4	1	7
3	4	2	5	9	7	8	6	1
7	6	1	8	3	4	2	9	5
8	9	5	6	1	2	7	3	4

118

7	8	6	4	3	5	2	9	1
5	3	4	9	2	1	6	7	8
9	1	2	6	7	8	3	4	5
6	2	1	7	8	3	9	5	4
3	5	8	1	4	9	7	2	6
4	7	9	2	5	6	8	1	3
2	6	3	5	9	4	1	8	7
8	4	7	3	1	2	5	6	9
1	9	5	8	6	7	4	3	2

119

7	8	9	2	5	6	4	3	1
4	6	3	7	8	1	9	2	5
1	2	5	4	9	3	7	6	8
9	7	6	3	2	8	5	1	4
3	1	4	5	6	9	2	8	7
8	5	2	1	7	4	3	9	6
2	9	7	6	1	5	8	4	3
6	4	8	9	3	7	1	5	2
5	3	1	8	4	2	6	7	9

120 BONUS

9	3	6	4	1	5	8	2	7
7	4	2	9	8	3	6	1	5
1	8	5	7	6	2	9	4	3
4	1	3	6	2	7	5	8	9
5	2	9	8	3	4	1	7	6
8	6	7	1	5	9	2	3	4
3	5	4	2	9	8	7	6	1
6	9	8	3	7	1	4	5	2
2	7	1	5	4	6	3	9	8

121

6	8	7	3	5	2	4	1	9
4	3	5	8	1	9	2	6	7
2	9	1	4	6	7	3	5	8
3	2	4	6	7	5	9	8	1
8	1	6	2	9	4	5	7	3
5	7	9	1	3	8	6	2	4
1	5	2	7	4	3	8	9	6
7	4	8	9	2	6	1	3	5
9	6	3	5	8	1	7	4	2

122

7	4	6	2	1	3	9	5	8
3	5	2	7	9	8	4	6	1
1	8	9	4	6	5	7	3	2
5	9	3	8	7	4	2	1	6
2	1	4	6	5	9	8	7	3
6	7	8	1	3	2	5	9	4
4	6	7	5	2	1	3	8	9
8	3	5	9	4	6	1	2	7
9	2	1	3	8	7	6	4	5

123

6	2	5	3	7	8	4	1	9
4	3	7	5	1	9	6	2	8
8	9	1	4	6	2	5	7	3
5	4	6	9	3	1	2	8	7
3	7	8	2	4	5	9	6	1
9	1	2	6	8	7	3	4	5
7	6	9	1	5	4	8	3	2
1	5	4	8	2	3	7	9	6
2	8	3	7	9	6	1	5	4

124

8	4	7	2	3	5	1	6	9
5	6	2	1	8	9	4	3	7
3	1	9	4	6	7	2	5	8
4	2	3	6	7	1	9	8	5
6	7	8	5	9	2	3	4	1
1	9	5	3	4	8	6	7	2
7	3	1	8	2	4	5	9	6
2	8	4	9	5	6	7	1	3
9	5	6	7	1	3	8	2	4

125

4	3	1	5	2	6	7	8	9
2	5	6	7	8	9	1	3	4
7	8	9	3	4	1	5	2	6
5	1	4	8	3	7	9	6	2
9	6	3	1	5	2	4	7	8
8	2	7	6	9	4	3	5	1
3	4	2	9	6	5	8	1	7
6	7	5	4	1	8	2	9	3
1	9	8	2	7	3	6	4	5

126

4	9	3	6	7	5	8	1	2
1	6	5	2	4	8	7	9	3
2	7	8	9	3	1	4	6	5
3	2	4	5	1	7	6	8	9
8	1	6	3	9	2	5	7	4
7	5	9	4	8	6	3	2	1
6	4	1	7	5	9	2	3	8
9	3	2	8	6	4	1	5	7
5	8	7	1	2	3	9	4	6

127

1	3	6	2	7	9	8	4	5
4	9	5	8	3	1	2	6	7
7	8	2	4	6	5	3	1	9
3	2	7	1	9	6	4	5	8
5	1	4	7	2	8	6	9	3
9	6	8	5	4	3	7	2	1
2	5	3	9	8	4	1	7	6
6	7	1	3	5	2	9	8	4
8	4	9	6	1	7	5	3	2

128

5	3	7	9	4	2	6	1	8
1	8	2	3	7	6	9	4	5
9	6	4	1	5	8	7	3	2
3	2	8	6	1	7	4	5	9
6	9	5	8	3	4	1	2	7
4	7	1	5	2	9	3	8	6
8	1	6	2	9	3	5	7	4
7	5	9	4	8	1	2	6	3
2	4	3	7	6	5	8	9	1

129

6	2	3	4	1	5	7	8	9
5	4	1	7	8	9	2	3	6
7	8	9	3	2	6	4	1	5
4	6	5	9	3	7	8	2	1
8	1	7	5	4	2	6	9	3
9	3	2	8	6	1	5	4	7
3	7	6	2	9	4	1	5	8
1	9	4	6	5	8	3	7	2
2	5	8	1	7	3	9	6	4

130

5	4	9	6	3	1	7	2	8
2	7	6	4	8	5	3	9	1
8	3	1	9	7	2	6	5	4
3	2	4	1	6	7	9	8	5
9	1	7	5	2	8	4	3	6
6	5	8	3	9	4	1	7	2
7	8	3	2	4	6	5	1	9
4	9	5	8	1	3	2	6	7
1	6	2	7	5	9	8	4	3

131

6	9	7	5	8	4	1	3	2
1	5	4	2	3	7	9	6	8
3	8	2	9	6	1	5	7	4
7	3	5	1	2	6	4	8	9
4	1	8	3	5	9	7	2	6
9	2	6	4	7	8	3	5	1
5	4	3	8	9	2	6	1	7
2	6	9	7	1	5	8	4	3
8	7	1	6	4	3	2	9	5

132

3	9	5	7	1	4	2	6	8
7	1	6	5	2	8	3	9	4
8	4	2	9	3	6	1	5	7
6	7	1	3	4	2	9	8	5
9	8	3	6	5	7	4	1	2
2	5	4	1	8	9	6	7	3
5	6	9	2	7	3	8	4	1
1	2	8	4	6	5	7	3	9
4	3	7	8	9	1	5	2	6

133

6	4	8	7	1	2	9	3	5
3	7	1	9	8	5	2	4	6
2	5	9	4	6	3	7	8	1
8	9	7	6	4	1	5	2	3
5	3	6	2	7	9	8	1	4
4	1	2	3	5	8	6	9	7
9	6	3	1	2	7	4	5	8
7	2	5	8	3	4	1	6	9
1	8	4	5	9	6	3	7	2

134

4	5	3	2	6	8	9	7	1
9	8	1	5	3	7	4	2	6
2	6	7	4	1	9	3	5	8
6	9	2	3	8	1	5	4	7
3	4	8	7	5	2	6	1	9
1	7	5	9	4	6	8	3	2
8	3	6	1	2	4	7	9	5
7	1	4	8	9	5	2	6	3
5	2	9	6	7	3	1	8	4

135

1	3	9	8	7	2	6	4	5
8	6	2	5	4	3	7	1	9
5	4	7	1	9	6	8	2	3
3	5	8	4	2	7	1	9	6
9	7	6	3	1	8	2	5	4
2	1	4	9	6	5	3	7	8
7	9	3	2	8	4	5	6	1
4	2	5	6	3	1	9	8	7
6	8	1	7	5	9	4	3	2

136

9	8	4	7	3	1	5	2	6
3	7	5	8	2	6	1	9	4
1	6	2	9	4	5	7	8	3
8	9	7	2	6	4	3	5	1
6	5	1	3	7	8	2	4	9
2	4	3	1	5	9	8	6	7
5	3	9	6	1	2	4	7	8
7	2	8	4	9	3	6	1	5
4	1	6	5	8	7	9	3	2

137

1	5	4	3	9	6	8	2	7
3	7	2	5	1	8	9	4	6
9	6	8	7	2	4	5	1	3
7	8	1	9	6	5	4	3	2
6	4	5	2	8	3	1	7	9
2	9	3	4	7	1	6	8	5
8	2	7	6	4	9	3	5	1
4	3	6	1	5	2	7	9	8
5	1	9	8	3	7	2	6	4

138

3	2	8	1	4	6	5	7	9
6	5	4	2	7	9	1	3	8
9	1	7	3	8	5	6	4	2
5	4	3	8	1	7	2	9	6
8	7	2	6	9	3	4	5	1
1	6	9	5	2	4	3	8	7
7	3	1	9	5	2	8	6	4
4	8	6	7	3	1	9	2	5
2	9	5	4	6	8	7	1	3

139

3	1	2	5	4	8	6	7	9
7	8	4	6	9	3	1	5	2
6	5	9	1	7	2	8	3	4
8	2	7	9	3	5	4	6	1
9	6	5	2	1	4	3	8	7
4	3	1	7	8	6	2	9	5
1	4	3	8	5	9	7	2	6
5	7	6	3	2	1	9	4	8
2	9	8	4	6	7	5	1	3

140

6	3	4	7	2	9	8	5	1
5	1	7	8	4	3	9	6	2
2	9	8	1	5	6	7	3	4
9	4	2	3	6	8	5	1	7
3	6	1	5	9	7	4	2	8
8	7	5	4	1	2	3	9	6
1	5	3	2	7	4	6	8	9
4	2	6	9	8	5	1	7	3
7	8	9	6	3	1	2	4	5

141

5	1	9	8	2	6	7	4	3
6	8	4	3	9	7	2	1	5
2	7	3	1	4	5	6	9	8
4	2	5	6	8	1	3	7	9
8	3	6	4	7	9	1	5	2
7	9	1	2	5	3	4	8	6
3	6	8	9	1	4	5	2	7
9	4	7	5	6	2	8	3	1
1	5	2	7	3	8	9	6	4

142

7	8	4	3	1	6	9	5	2
6	9	1	4	5	2	3	7	8
5	2	3	9	7	8	6	4	1
1	5	7	8	6	9	2	3	4
4	6	2	7	3	5	1	8	9
9	3	8	1	2	4	5	6	7
3	7	9	5	8	1	4	2	6
2	4	5	6	9	7	8	1	3
8	1	6	2	4	3	7	9	5

143

5	7	2	4	9	3	8	6	1
4	9	6	1	5	8	7	3	2
8	3	1	2	7	6	5	9	4
3	6	4	5	1	9	2	8	7
2	5	9	8	4	7	6	1	3
1	8	7	3	6	2	9	4	5
9	4	8	7	3	5	1	2	6
7	2	3	6	8	1	4	5	9
6	1	5	9	2	4	3	7	8

144

8	7	2	1	3	5	9	4	6
4	5	1	6	9	7	3	8	2
3	9	6	2	8	4	7	5	1
1	8	7	3	5	6	4	2	9
9	4	3	7	2	1	5	6	8
2	6	5	8	4	9	1	3	7
6	1	8	5	7	3	2	9	4
5	2	9	4	1	8	6	7	3
7	3	4	9	6	2	8	1	5

145

7	3	8	6	4	5	1	9	2
1	4	2	9	7	8	6	3	5
6	5	9	3	2	1	4	7	8
2	6	3	4	1	7	8	5	9
5	8	7	2	6	9	3	1	4
9	1	4	5	8	3	2	6	7
3	2	6	7	9	4	5	8	1
8	9	5	1	3	2	7	4	6
4	7	1	8	5	6	9	2	3

146

4	8	6	7	1	3	9	5	2
3	5	7	9	2	4	8	6	1
1	2	9	5	8	6	4	3	7
5	9	8	1	3	7	6	2	4
7	3	2	4	6	5	1	8	9
6	4	1	2	9	8	3	7	5
9	1	3	6	7	2	5	4	8
2	6	5	8	4	1	7	9	3
8	7	4	3	5	9	2	1	6

147

6	8	2	3	7	5	4	9	1
4	7	1	9	8	6	3	5	2
5	3	9	4	1	2	6	7	8
3	4	7	5	9	1	8	2	6
2	9	8	6	3	7	5	1	4
1	6	5	2	4	8	9	3	7
7	5	4	8	2	9	1	6	3
8	1	6	7	5	3	2	4	9
9	2	3	1	6	4	7	8	5

148

3	1	2	4	5	6	7	8	9
8	5	7	9	3	1	4	2	6
9	6	4	7	8	2	5	1	3
5	2	1	3	6	8	9	4	7
7	8	9	5	2	4	6	3	1
4	3	6	1	7	9	8	5	2
2	4	8	6	1	7	3	9	5
1	7	3	8	9	5	2	6	4
6	9	5	2	4	3	1	7	8

149

2	1	3	7	6	4	5	8	9
4	9	5	8	2	3	1	7	6
6	7	8	1	9	5	2	3	4
3	8	6	4	7	2	9	5	1
5	4	1	6	8	9	7	2	3
7	2	9	3	5	1	4	6	8
1	6	2	9	3	7	8	4	5
8	5	4	2	1	6	3	9	7
9	3	7	5	4	8	6	1	2

150 BONUS

5	9	8	7	2	1	4	3	6
3	1	7	8	4	6	9	2	5
2	4	6	3	5	9	7	1	8
7	5	4	1	9	2	6	8	3
1	8	9	6	3	4	2	5	7
6	3	2	5	8	7	1	4	9
9	7	5	4	1	3	8	6	2
8	6	1	2	7	5	3	9	4
4	2	3	9	6	8	5	7	1

탑스프링 스도쿠 초급X중급

초판 1쇄 발행 2025년 8월 8일
초판 2쇄 발행 2026년 1월 22일

지은이 브레이니 퍼즐 랩
펴낸이 최훈일

펴낸곳 시간과공간사
출판등록 제2015000085호(2009년 11월 27일)
주소 (10594) 경기도 고양시 덕양구 통일로 140 삼송테크노밸리 A동 351호
전화 (02) 325-8144
팩스 (02) 325-8143
이메일 pyongdan@daum.net

ISBN 979-11-90818-39-1 (14690)
979-11-90818-38-4 (세트)

· 책값은 뒤표지에 있습니다.
· 파본은 구입하신 서점에서 교환해 드립니다.

국내 최초 스도쿠 베리에이션!
5가지 스도쿠 스페셜!

어린이의 눈높이에 맞춘
스프링북 어린이 스도쿠!

논리퍼즐 투탑!
스도쿠와 로직아트를
한 권에 담았다!

두뇌 건강에 좋은 퍼즐!
한 번에 10가지, 네 맘대로 즐겨라!